Introducing PuzzleWhiz: Your Weekly Brain Boost!

Are you ready to supercharge your brain, sharpen your mind, and have a blast doing it? Welcome to **PuzzleWhiz**, your ultimate companion for weekly mental challenges that are as fun as they are brain-boosting! Designed to keep your mind sharp and entertained, PuzzleWhiz is the perfect way to unwind while giving your cognitive skills a serious workout.

Why Choose PuzzleWhiz?

- **Fresh Challenges Every Week:** Each issue of PuzzleWhiz Word Search is packed with a new set of thrilling puzzles, No two weeks are the same, keeping you on your toes with fresh challenges designed to engage and excite.

- **Scientifically Proven Brain Benefits:** Did you know that solving puzzles regularly can improve memory, enhance problem-solving skills, and even boost IQ? PuzzleWhiz offers a fun and engaging way to keep your brain active, with puzzles that are scientifically proven to benefit mental health.

- **Perfect for All Ages:** Whether you're 8 or 80, PuzzleWhiz is designed to challenge and delight every puzzle enthusiast. It's the perfect way to spend quality time with family or enjoy some well-deserved "me time."

- **Stay Ahead with Monthly and Yearly Subscriptions:** Don't miss a single issue! Subscribe monthly and get 4 exciting issues delivered straight to your door—or go all-in with our **Yearly Bundle** of 52 issues, including a special edition that you can't find anywhere else!

- **Exclusive Special Editions:** Our annual subscribers receive a **Special Edition** packed with bonus puzzles, expert tips, and exclusive content that takes your puzzle-solving skills to the next level. This edition alone is worth the price of admission!

Your Subscription Options:

1. **Weekly Thrills:** Grab your PuzzleWhiz every week and enjoy fresh, exciting puzzles that will keep your brain buzzing.

2. **Monthly Bundle of 4:** Save more and stay ahead of the game! Get a bundle of 4 issues delivered each month, ensuring you never miss a week of mental fun.

3. **Yearly Subscription with Special Edition:** The ultimate package for puzzle enthusiasts! Get 52 weeks of PuzzleWhiz plus a collectible special edition that celebrates the very best of brain challenges with exclusive puzzles, brain-boosting tips, and more.

Don't Just Play—Train Your Brain with PuzzleWhiz!

With PuzzleWhiz, every week is a new opportunity to challenge your mind, improve your cognitive skills, and have a blast doing it. Our puzzles aren't just games—they're brain workouts designed to keep you sharp, focused, and ready for anything life throws your way.

Why PuzzleWhiz and What does it offer?

PuzzleWhiz isn't just another puzzle book—it's your gateway to a world of endless mental challenges, creativity, and fun. Whether you're a seasoned puzzle solver or just looking for a way to keep your mind sharp, PuzzleWhiz is crafted to be the perfect companion for everyone.

Here's why PuzzleWhiz is the best choice: Puzzles are more than just a pastime; they are powerful tools that challenge and stimulate the human mind. From word games to number challenges, puzzles engage cognitive functions, enhance problem-solving skills, and boost mental agility. Research shows that engaging in puzzles can improve brain function, memory, and even delay cognitive decline, making them invaluable for people of all ages. Below, we explore a variety of puzzles and their specific benefits to the human mind and life.

Word Search

A word search is a puzzle that requires players to find hidden words in a grid of letters. Words can appear horizontally, vertically, or diagonally.

Word searches are simple, yet addictive. There's nothing quite like the thrill of spotting a tricky word hidden in plain sight! From quick 5-minute puzzles to deeper, more challenging hunts, this book will take you on a journey through themed words you'll love. Grab your favorite pen or pencil—let's get started!

Importance: Word searches improve pattern recognition, vocabulary, and spelling skills. They also enhance visual scanning and focus, which are critical skills in everyday tasks. Studies have shown that word search puzzles activate the brain's language and memory areas, contributing to cognitive resilience (Smith, 2020).

Tips to Tackle Word Search Puzzles Like a Pro

Here are some tried-and-true tips to help you master these puzzles:

1. **Give the Grid a Quick Look:** Skim the puzzle first to see if any words jump out right away. It's a good way to get the momentum going.

2. **Start with Unique Letters:** Words with unusual letters—like X, Z, or Q—are easier to spot. Zero in on those first.

3. **Think in All Directions:** Words can run vertically, horizontally, diagonally, or even backward. Stay flexible!

4. **Mark as You Go:** Cross out words once you find them—it keeps things neat and avoids confusion.

5. **Use the Word List for Hints:** If you're stuck, go back to the word list to break it down. Look for starting letters or clusters.

6. **Take Breaks if Needed:** Don't get frustrated, sometimes stepping away and coming back with fresh eyes makes all the difference.

7. **Watch for Overlaps:** Keep an eye out, some puzzles are sneaky with words sharing letters!

Why Word Search Puzzles Are Amazing for You

Solving word searches isn't just fun, it's actually great for your brain and well-being!

- **Builds a Better Vocabulary:** You'll learn new words and strengthen your spelling without even realizing it.

- **Improves Focus and Attention:** Word searches train your brain to focus, ignore distractions, and stay on task.

- **Strengthens Pattern Recognition:** Spotting patterns in puzzles carries over to real-life problem-solving skills.

- **Relieves Stress:** There's something incredibly relaxing about getting lost in a good puzzle—it's like meditation!

- **Keeps Your Brain Sharp:** Word searches keep your mind active and may help prevent memory loss over time.

- **Encourages Quick Thinking:** The more puzzles you do, the faster your brain gets at finding solutions.

- **Brings People Together:** Whether you're competing or collaborating, solving puzzles with others makes for great bonding moments.

This book isn't just about finding words—it's about finding joy, challenge, and a sense of accomplishment. Each puzzle offers a mini-adventure, and with every word you find, you're training your brain to think sharper and faster. So what are you waiting for? Dive in, enjoy the hunt, and watch those words come alive!

Happy puzzling!

Subscribe today and become part of the PuzzleWhiz community! Weekly excitement, monthly bundles, and yearly specials await. Don't miss out—your brain will thank you!

References

- Smith, A. (2020). The Impact of Word Search Puzzles on Cognitive Function. *Memory and Language Journal*

SUBSCRIBE

PUZZLEWHIZ

Name:
____

Address:
____
____

Postcode: __________   Phone: ________________

Email: __________________

Subscription

Weekly ☐   Monthly ☐   Yearly ☐

Please fill the form and send it by email to:
PuzzleWhizPub@gmail.com

Payment Information will be sent to your email and phone.

Puzzle # 1

```
M Y H H S E P U G I M D Y C F Z R M H U Z U W
R X N R S U X E A G G R E G A T I O N Y Z I V
H L K O S F R Q B V H D T M X A C A T R Y V U
Q L S R I B F F M B P G U A T I L P H V H Z S
Q W M S L R B A A I L W F E B L O N X V Y D P
G P W D T D A I G C N E Q E E W U R G Z U R I
H W U N A A R N L Q E Q B A C A S A V L C A N
D H O N T E B N S W A M P P A T E F Y S L G N
V U D T I H L E N T I M P U N E R T Y J M G I
C R Q P O R E X H T W L E P U R Z N A Z D I N
R F A B N E S H S I F N U S W A I A J U U N G
H C W S P V S F X E V O O R G C E E T N V G M
V W L Y G O L O C E B L R Y K I P Z D Z E N U
F U K N W N M B H W H U K E A G I E G G P G Q
F M H V U Y Q E C R K V L D P C R S N V U U K
H G I K O Z D H B Q R C S J Y T T A H H I Y Z
P O O G A L E P I H C R A F O I S N K E K X B
E E H N L S A N K L W I Z W W C T D T V Q R P
```

SUNFISH	QUIET	DRAGGING
OVERHEAD	SPINNING	SANK
BARBLESS	TAILWATER	ECOLOGY
RAFT	PUPAE	SWAMP
SURFACE	CLOUSER	SILTATION
ARCHIPELAGO	GROOVE	NICKEL
SAND	STRIPE	UNDERTOW
PEBBLE	GAFFS	AGGREGATION

Puzzle # 2

```
P R J T X Y L P E E D X E S T N E I S N A R T
V A X S A S N L S C I F C M L W F Q E K N R L
W S R X L B E K W O H A X P P B A R B Y H E F
Z E Q P P E S I I F V A X M I S A V A Y H T P
D A L T W U O I J E C X R S E W F A D T I A T
B C E A L C D D N O B Z R M R N V G A Q G W I
W E R L Q Y E G E R C E M M L P S D P D H H A
Q D O Y D B E T K L M P O O I E E T T K L S P
L M T Z C R I E D A L G M E N N M Y A S A E O
Y H H I S A Y C E N E E Y D E I W L T B N R W
G N I Y A W S R A R V T N I S N A X I O D F P
F R I M J T T K Z U A Z T S D S T R O D B V R
G H G W S S S L M I R N Q D Q U G H N P O H D
M Y E A E O J C J D B P U Y X L B Z S J U J F
I T C A A J M T O O L H E A D A B E E D D R S
J H S E R W G N O I T A Z I M O T S U C Z P C
T M Y M B L I Y R M C H S I F L A R O C S G Y
I G H T Z C Z K G Z R X L F T K C C V U C O B
```

BARB	HIGHLAND	TRANSIENT
CORALFISH	STREAMERS	ADAPTATIONS
BRAVE	MOLLUSKS	FRESHWATER
SWAYING	HOP	LEEWARD
PIERLINES	TOOLHEAD	CASTS
PENINSULA	CAESAR	RHYTHM
SNELLED	CHARM	DIURNAL
DEEPLY	CUSTOMIZATION	SCAVENGERS

```
O H A S G N R A Z M L D J Y K C H W S P S N Z
U E A D E H J A X M V U O E S M Y O J T W O Z
S L A I R O T A U Q E K Z R V V H A Z V Y E K
B C T D A P B G H Z B N A Q F T P T R Q I N S
D I S P E R S I O N W V A Y N R A C T A E C T
H I G K F Z I K T C Y J Y E U D U R P H P O E
Z R K J G G N I L G N A B B C I E S I N O O N
L Y R E S R U N H P C O B R J A Z B I S T N L
Z X U B R F W R S H O J T E E F T Q R A O T L
L H J R B G Y B S Z O A V S Q A H S Z A I A I
L Z C W A T E R W A Y S M L Z Q K E U P B I G
S E A R D K K P K B D R U S D J L B G R A L H
G L B N A B V C N O R A S K F Q L H K H C F J
P G V R G E V Q N R O B S W I A O W W L E Z E
A Z R F A L S N P O C H E C A S E U D T T K R
Y U F F K B E E J G N I L R U C F J O R D S K
T P P S V O Q R R V Y A D E N I M P I R T S R
K H S B R A R T S T P V M B W H A R F E G U L
```

HOOK	WATERWAY	ZOOBENTHOS
FJORDS	CRUSTACEAN	GILLNETS
CURLING	COONTAIL	RESEARCH
BIOTOPE	BARBED	ANGLERS
EQUATORIAL	SEA	BARS
SURFROD	BARBEL	NURSERY
ANGLING	STRIPMINED	JERK
WHARF	MUSSEL	DISPERSION

Puzzle # 4

```
Y R Z U Q Q F I L O P A T H Y C E X P X W T O
L F T D D T E L B J G U N L R U H G Y C N N O
T F W H B M W U R V L U D X E H J A A B I Y L
U T C R A X L I Y W Y N J I F U G J R Y M C G
O Y U G F F X M Q P H S K K X T P C T T O A C
V E K L P C I T S A L P T F O S O W V W Y V K
E V A S J A A O G S M E A R T I F I C I A L S
R S A N F F H W B O L A A T U G L U E E C N 1
H S L L I G E U L B C R Z C O L D W A T E R 0
E J E Y C V C A M O U F L A G E X X J E K J 1
A N K N A B R E V I R I X L L I R H T L P T G
D M X S O Z C T M A I S J W F P O G O E W V N
M T A K T M A E Y G D H M Y E E P A G G E B I
R F X Q S R E S I G P E B B L E F Z U A F U H
Q N T M G R E N I N O X P A R A M O U N T U S
W F S I Q V Q T A U I D H E Z S Y N G C P Q I
M Z U P K R M R C G H V X O B Y L F Q E N T F
L A L A Z Q J I Z H X Q I I C L I N C H U T H
```

SPEARFISH	GAME	PARAMOUNT
RIVERBANK	CHART	FILOPATHY
OVERHEAD	STRETCH	CLINCH
PEBBLE	CAMOUFLAGE	ELEGANCE
GAPE	FISHING101	FLASH
ANEMONE	COLDWATER	ARTIFICIALS
BLUEGILL	THRILL	RAYS
VOYAGE	FLYBOX	SOFTPLASTIC

Puzzle # 5

```
D B Y Y K S V C P H Q T E H S I F T I A B E K
M M N U E L N S M N E J I G G L E T I P S G Z
G D Z G S X Z C J L S X Y D U P R O J P Y W S
J L D E L Y M K E C O W G B V E Q U Z R H W F
P I F H O M G S M I S V F C X L U K N A H S P
M U X N O B C F S H P M Y N M A M W O M L W C
D C N Z T O S X B T T G N B Z G Y M D R S H A
E P I U P I R I H J E T S A M I F W S E W L M
N A P I C J S T R V A J D J V C S P D T I A O
I S C E Y A D A P T A T I O N S L B I A G W U
L T N D S R I U P F R C P X U E Q C G W I Z F
M O K A N V O G Z O C I Z E K G A U E D G W L
A R T O U R P M A Y L J B X D S H L D R X U A
E A L E Q W A A E U G R A S S D A B V A L Q G
R L O P P A V L F M X X J B B N C I A H W Q E
T I D K J C B T R D J H A T K O F B E I K K D
S W P E E K L E E H W R U O F P T B C S T G G
Z L K D N O D K L W L B N E T F I S H I N G N
```

BAITFISH	TOUR	KELPS
PEEK	NYMPHS	ADAPTATIONS
RIP	JETSAM	HARDWATER
STREAMLINED	TELESCOPIC	PASTORAL
FOURWHEEL	PONDS	SHANK
DOUGHBAIT	GRASS	JIGGLETIPS
TOOLS	MIDGES	NETFISHING
PELAGIC	MEMORY	CAMOUFLAGED

Puzzle # 6

```
M V M Y W L D F D N D Z Y W S Y Z P W H A R D
W B R I E G Z V T W J T Y Z I Q D I W X B U B
E C O Q S P B D M H I L H R V P E T G N D I W
S H W T R Y Q L M N S X Q J T I T C O N N U J
L A D T U E V B U L A D U A C N X H L S C D K
A R N B O B S M T B A R N A C L E I D O B B R
C A A V C R M E S Z E R W V M W F N E F R L E
K C S P C O H A R F S J Y N B O A G N O O G V
W T P E C C L A L V D L O H H S I F A P R W I
A E A C X K W L X F O Q F Q X R H D M O O P V
T R L I P I Z W J W J I D L O C C J P O T D E
E I O A E Z P L L V B F R I I A O D E B K A B
R S M L M G F P Z L Y Y L D S C V N N H X D B
R T A P P F L W G H F G A T E T U U Z V H X I
I I R E E N Q M A S Z J V U O H G B A T K W A
K C Y H U E X T Q J C A G O D E H S R E T A W
Q S Y A N H A R I P O Z L W D Y S L E H Y K M
T Y T T G K K W Y J W S K J S T G O B I E S K
```

PLAICE	ROCK	CAUDAL
ENTRY	BROADCAST	PALOMAR
RESERVOIR	WATERSHED	PITCHING
SLACKWATER	PIRAHNA	GOLDEN
FISHHOLD	SANDWORM	COURSE
GOBIES	COLD	REVIVE
TOOLS	POD	BARNACLE
COMMUNITY	BINS	CHARACTERISTICS

```
O H V H X T I K H Y D R O G R A P H Y U N F V
D R H Q T E L I U Q N A R T W T P L D L C G O
E N S R T K P N F D E F T U U E W Y A R S R C
L P C L I C D C F K H L F T P N H Y T O T J X
B M B G A U U E R U G I H C R T I J R X E M R
A S F Y B B I N I Q C C L I H F S J O K L U P
D F Q S C O T L A N D K T K W I K H F X N U X
A M L V M V D B L W N I V O N R E A F A I K Z
R F L L I V E W E L L N V P P P D R L E V Y U M
G G X A M K N I V E S G H J M S S G W B Z B F
E U N Y N H M W S M N B A M U O A A B X T E F
D K P I H G M Y Z L P D L J L E K E W R M P T
O I C C D B I N I D C I X U Z C T M S S I N R
I L P Q J E R S T S S V G I Z Z A R D P Y M W
B X U B T G E I D C T W P P B H Y D R C E R B
M E E C A A F F D L M R K Z Q O X N T N S E X
X E G Q K I P W Z G F B A E K U G U I B L Z D
P X P O U Y T S L K E I H D N E I S W C P B G
```

GIZZARD	SCOTLAND	LUCKY
DARTS	ALGAE	MIMCBAIT
INLETS	BUCKET	TRANQUIL
KNIVES	BOGS	DRIFTNET
DEEPSEASPOT	WHISKER	FLICKING
FEEDING	HYDROGRAPHY	SIGNAL
BRIM	EFFORT	BIODEGRADABLE
BRIDGE	DIPBAIT	LIVEWELL

CASTNET	UNDERSEA	CHITON
WATERSIDE	HEMOSTATS	UNDERTOW
CURRENT	LIMPET	GUIDE
LARVA	BAMBOO	ENTRY
AQUIFER	DEADBAIT	SURGE
FILAMENT	HANDLE	SOLE
BOBBERS	ICEBERG	RUNOFF
FINESSE	RIFFLE	GROIN

Puzzle # 9

```
S P A M X M W C H M R O W D N A S A D R G M C
B D O U B L E H A N D E D G A I B I M A N F U
G B S L Y D D W L D T F I A D R X I C F C K Y
N J U H G I Q Y O W S P R G D V G M N B C B H
I T B T I B A B A A J E T Z W E V V S T Y T E
T R R B U N A E C A T S U R C N X W R Y A H C
A A B Q A S T A W Q I C E B E R G E L W W P O
R N E A I C I X Q L G G I Q O K B R S W W L N
G S L N H C K C R A W L E R S L A I I V G P Q
I D D E L G K W G A D S I K E E E S D V M Y U
M U C M Y L M X A J L K F H Y F I N E S C T E
I C N U X L E S E T E V O Z I M W N I I B M S
D E H Y J A V J J U E O S U S B T B H D F Y T
H R O T T O R G K J K R U Q U S H P F X R H D
M E K T R E B L E S N K Y B X K O J S N D A K
C T K R A Y S Z C R E T A W D R A H D P B A S
C M G W I P Q D C N G X Q H T H I D Z I O Y R
W Q F S D I L H C I C Z X F V E N K D I A D C
```

SARDINE	ICEBERG	MIGRATING
HARDWATER	TROPHIC	SWATH
DIRT	CRUSTACEAN	MAPS
DOUBLEHANDED	TRANSDUCER	BASIN
RAYS	YEARLY	CRAWLERS
TREBLE	CONQUEST	BACKWATER
SANDWORM	VENT	TREBLEHOOKS
NAMIBIA	CICHLID	GROTTO

Puzzle # 10

```
S H W A T E R F L O W T L A R O T T I L B U S
F P G U L F Z W M M L C Q Z T D H N C K P Q Q
Q Q S S E I C E P S R U O F Y O H J T M M Z G
F B G A S O N A R U S C X E N I L C O L A H T
S M F N V O V A G X B Y K N L C R P A H H Q D
A Z I M H S I F L I A S V B R I M M I N G L Y
X H S G J I B A R O M E T E R S S W X K C X J
M I N P R L B W S P E I U L S U G Q S G B Z D
K C O D D A H P U R S U I T W D D Z F S P R Q
N R O C Y V T H Q L O L Z I S J A S Y Y X O G
B L F F E W B I X F P S E D N J S O L E B N C
M O T R N Y O Z O Z H T R E P A L N T L I A H
U B B G K I N R N N E N T S E R O F T L F D C
O B V N A V Q H R G E E G K P M G Y L M L X T
C X T N R C Y J Y O R M U Z G N T E T V X F W
P F B V G A F W A J B G M T E J W E V I V E R
A B H O Z D E E L E M E N T J P G R O T T O S
P Y X Q W X Z L N G Y S T Q U W Q I S Q V S Y
```

HADDOCK	GULF	OXBOW
PURSUIT	ELEMENT	SUBLITTORAL
PLOT	MIGRATION	GROTTOS
BRIMMING	FOURSPECIES	SONAR
REVIVE	WATERFLOW	FOREST
UPWELLING	SAILFISH	BAROMETERS
LEARNBOB	BORROW	TOADS
TIDE	SEGMENTS	HALOCLINE

Puzzle # 11

```
V O Q B P A G G R E S S I V E X E M K Y E G L
U P M H H Z E Z I V T Y X H S Q C W R K G U O
A I V Y Y X H P S Y M B I O S I S T S M A C I
U B N W H G E A I L T R W K C B Q T T H S W F
G R B Q T S R N X C U R U G Q J J R H T F P L
J A Q P A D A U W J R Y V G T J E T R X G M A
F N F D P L E M Q W B K V W V B A E Z N Z A T
R C B Z O Q G H P M U I R T U E A T L A Y Z F
Q H Z A L X E D V L L T O M D M W A L D L E I
G I O F I S C Z N R E G D E L I V E R Y O U S
G N Z O F U I J K E N N O I T A D E R P N D H
F G T S K K E V E K C P N E A K P N A Y F F B
I R I E Z I B N U C E E T B X V G F G J I Z F
N S A R G Z N V C U D S I F H O C U D N B S L
M H S V Y Q P G K S J O E D U T I T L A E E Q
L P E N I N S U L A T A V P X Q Y A G E R N F
C U J S B N M G L I T U Z S Y U N J T X S O N
K J P C J B E V C Z D U C S A D N V P J I B X
```

FLATFISH	AGGRESSIVE	PENINSULA
MAZE	DEATHHAUL	TURBULENCE
PREDATION	SUCKER	TRIUMPH
ICEGEAR	ALTITUDE	STREAMLINED
RAVINE	EPIC	ZYLONFIBERS
FILOPATHY	SCUD	SYMBIOSIS
FINLAND	DELIVERY	BRANCHING
BONES	ABIOTIC	HOOKING

CHUMLINE	RIVER	MASSIVE
CRUISING	DREAM	TRAWL
REELS	UPSTREAM	DEADBAIT
TIP	SURFROD	GROTTOS
CHUCK	SNAPPER	ARCH
DIPBAIT	RIVERSIDE	ANTIFREEZE
LURE	LATHER	DETRITIVORE
ALBACORE	SHALLOW	ALTITUDE

Puzzle # 13

```
M V B E S A H P N O O M L P F Y H S I F N U S
Z B H A R Q Q O M O D P C F I C M V F H P M A
T H Y Y I F P T C O P X N O R T H W E S T D I
K Q D E V Q A K O C T S Q R Y S T S M M S E A
A V R K E A C S S O X G T T R M W O L I A S A
X R O C Z H K S M M S G V U K R L O Y O I A E
P W T I S A E X O P E O O N C Z E H R W S C P
X S H M H V D C R A Y C V A C S E T O U O A X
F Q E J P B E P E R F E N T V T W N H L Q L N
L U R E B O X I G T O A Z E A Z D R O G X R O
E T M V P N X W U M R X Z A I E I G Y S I J I
G N A D J S X N L E Y M M M R C Y N S F U L T
A S L G H Y R F A N W F O S B I S H E W X P N
D T K W Q U T N T T I N S E C T S W H E U Q E
U R R J F D A S I S O I B M Y S C I T N E L T
K I E E M C Z U O A Z N L A N R E T X E N A N
Y P A B B L T R N B W I B Q B L H E Y C D O I
B E D T R O P V L A X D S T Y V C K J C S O U
```

LUREBOX	READ	SUNFISH
COMPARTMENTS	MOONPHASE	INTENTION
WONDERS	ECOLOGY	PORT
LENTIC	SAIL	INSECTS
FORTUNATE	SYMBIOSIS	MICKEY
HYDROTHERMAL	FUR	OSMOREGULATION
PACKED	NORTHWEST	STRIPE
SCIENCE	LIGHTER	EXTERNAL

Puzzle # 14

```
G S E K A L T A E R G A H Y B F W N U S W U S
W D N E L B P W L A K E S I D E S F G P Q V P
B V O F L W S Z D T J M I T P S C D X O U N D
P Y D K G G H N B F E G G A O I L H R O F F S
K V M B E M F M W J R A K T L D D L A L Y D K
S A M N G M Q O G R K J R I M S P L A R R Q J
N N U S D L T B Y D M G B B G X C Y B A M V S
H S D P Z E L T P W A F J A C N A D Y D T P T
K U U T S Q P T N R L R O H D F P N I L J P R
L S P Q L D M O W B C F P X W F A J Y O K C E
C T A H R M N H S E L B U L X L K I O H A N T
W A R T R Y J A S I A D A E H L L U B H G T C
J I T P D S W I L H T V T D A C H R W S I G H
D N E P R A Y Q X T B I R Q U A R R Y I X I J
P A S G M T K A Y D E R O A B T E L E F E G I
L B I C O M P O U N D W S N L W Z B R O O K S
K L A G N I D E E R B L U U B G D O C U S R C
U E N O Z R M R G S G T T R F K K F W U J P P
```

SPOOL	NAVY	CLAM
GREATLAKES	STRETCH	BREEDING
COD	BULLHEAD	LAKESIDES
BLEND	COMPOUND	QUARRY
DEPOSITION	BROOKS	LARVA
JERK	HABITAT	ARTESIAN
LANYARDS	CHARM	WETLANDS
SUSTAINABLE	FISHHOLD	GENUS

Puzzle # 15

```
E L J F V R Z T I U D K Z Y Y Q M M R P B T M
D G S T F J J R W J A J C M O R P H O L O G Y
M P C C Q M R E Z G J L P I R G M K T T K C U
N G I W S H C N L P I P T M L C C C B W M I N
W N N N O I T C E L E S Z Z P U U K I A O X C
Z I O W Q C Y H X P E P P X H V N B B T R R W
T T R A M H U U E U F W C C L C E S M R O T E
S A T K J Q L Z Q J M O F M H W L S I Y X X Y
E R C C N D N A B Q N H R O A S T B A I T F E
R G E U S A D J U S T A B L E K G N U K U W D
C I L R F B B I E R L F R N N H V M X S O N O
N M E L E G O R Z R S O T U N A S C L S B O D
Z K K I B K V T E G R A G M S L A M T E A U F
U C I N A A X S A V P E H E A T S I V N R N L
J I U G T P A N D J I E R A C H S I F E A O A
W L T I B T R O U T S R S H A L L O W R M D S
M F O W N N I G H T C R A W L E R G S E N D H
Y N F Y T H C S Q L Y V X C O T H F R S L F I
```

ROASTBAIT	SERENE	TUNAS
QUEST	MARABOU	ELECTRONICS
VISTA	MIGRATING	SELECTION
SHALLOW	ADJUSTABLE	EXOTIC
TROUTS	CONSERVATION	CURLING
NIGHTCRAWLER	FLASH	FISHCARE
RIVERBANK	FLICK	TRENCH
CREST	CHUCK	MORPHOLOGY

Puzzle # 16

```
Q X X B S E O B E T W Q W E N A I D I S B O F
I L A I X V M Y P B W Y O E T O H P G I U I H
B S O Y D P H E Y G Y J K W A F I O J V V M S
I E L L I N E H C M V E T P V T N W E I P A I
K G N I C A L X A A J H T Y Y H H R X S Q K K
F R E Q U E N C Y S D P A T F E I E R I C O G
S Y T Z Q Z F N U T J I C I D R L A R B I Y N
M J U E M X P P S E Y B X V R B S T E L T U O
P S S Z J M V T Y J X J L I I I G B E E T Y P
I U E I F K U Q M T Y F E T F V R D S G A O B
N Y C L Z W H R H O O P C I T O L P E C F H H
E Q Z A K Y C I L O P D V S E R K M T X Y F R
Q O P T K C I L F P H T D N R E N K U R A E R
U W P N M S H A R E N O I E S J I B P J T N Q
X A A A D W W T O P A W I S H R V C V T R M S
N H Q T N E M A L I F O N O M J E U U K X P G
E N X W D X S B U F F E R I N G S G O G P H N
Y L B U A G E W M S T R E A M E R H O O K N S
```

SETUP	STREAMERHOOK	HERBIVORE
POLICY	VISIBLE	GUTTER
FLICK	TANTALIZE	NETUSE
MONOFILAMENT	FREQUENCY	OUTLET
KNIVES	WEATHER	LACING
JETSAM	OBSIDIAN	DRIFTERS
SHARE	CHENILLE	BUFFERING
MAKO	SENSITIVITY	HOOP

Puzzle # 17

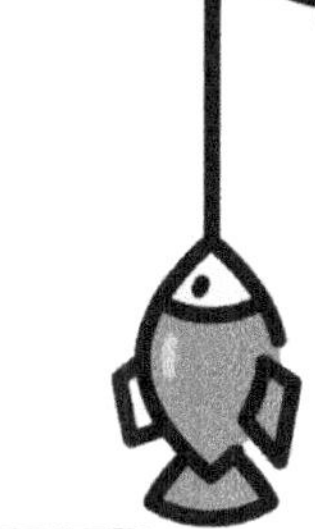

```
O R A I G R G T L E A D E R B O A R D Y H M J
T N E T T I M R E T N I N O T Y H P I R E P L
B C A F J Z N O B F E P W L P O T S D S S T O
B I O C H E M I S T R Y U A R V I C E C A P C
L X A W I G L B Z D R A L C B U X A Y Z T Q A
J N L M R C E M Q R F N O I S S G L U V E C T
U C A S T S O R P O N F C L W X D E U P L W I
R T B Y W P V S U P F Y A C Q R C T V O L G N
I D S T G E J T X S E Y T Y Z I J L L N I P G
S H R C O Y F T O H A H E C W R O W T Z T A V
K E K S R L U U Y O Y E S E K H L R W Y E O D
L Y N M G I G U L T B K R K R P A V G P S W A
U W J S E N C Z N H O O N T M N U L I A K X G
F G H E G E G R O T T O K I Q E K T E T N G K
D D A H A D F C I S A B D U G W D N C D W I O
N P R Y F Y T H R Q M E I G U T T E R L I R C
I H N W F M P L R V M L Z K I K G X H J E C K
M P V R S F M A Z T N O D S X L Y I H B M S F
```

BASIC	CASTS	LOCATING
WHALE	GORGE	ORGANIC
TRANQUIL	DROPSHOT	MINDFUL
SCALE	CYCLICAL	TIP
GUTTER	LEADERBOARD	GAFFS
BIOCHEMISTRY	RISK	PERIPHYTON
TREASURE	SPEYLINE	SATELLITE
LOCATE	INTERMITTENT	GROTTO

Puzzle # 18

```
T C R O P J A S T I D Z J Y B N I A P S M W Q
A P M Y H Y G V S L Y H O Z I R J F W S Z R W
Q Y Z E K O E J Z K M M R A W G G L D W V D K
T E J U B H Z T D N A L S I F W O N N I M T W
Y D M U S K I E S H I S T O R I C G Y N Z C O
R J M O V C I O I V S C I P Y T O N E H P D Y
K P N O I S R U C X E E C W T G F I V V C Q W
J G E K T P S T W I X S N S H I P H F L E R W
X C B M C M V L U T U D T O T C K S X S P I E
H X V Z F U J E B A M P G O Z L X I A L H R C
Z X K C J H H T S L U D N J O O M F R K A P V
H A L F H I T C H Y P M I F K R C E O B L K R
K M L N V P L B P K C R D D W S H R H J O N A
L N T L L T Y M B Q Z Y E S A O B O T I P I N
X Q V M C J C U A D J S E L Z X E H V J O V R
O X Y A R P J Z Y L C X R R E D J S N Q D E V
I U R E X P A N S E N O B I D R R I J F S S A
R C T W R X G I A N T B A S S A I L F I S H N
```

HALFHITCH	SAILFISH	KNIVES
SHOREFISHING	EXPANSE	BREEDING
SPAIN	CHUCK	GIANTBASS
HISTORIC	CEPHALOPODS	ITALY
THORAX	MUSKIES	ISLAND
ZONES	EXCURSION	ROOTS
MINNOW	RED	BOGS
BAYS	OUTLET	PHENOTYPIC

Puzzle # 19

```
K D O X Y G P K C A S A E S C D X H Z J X T W
C E P R D N R I U I U K G H S H J U I H I J J
A C S Q S D E L T X N S H M F G R M U O N G D
K E A Y P F Y O S W G O R D D H E A M Q W T S
V I O R U P W B R F L Z E R A E X N E G V A I
D V D E R O N D E U A G N Y I H K E S D M V B
A E P T H M S B H L S H I S N P J S H B X N H
D R I R G C S K S N S N R L A Z P O U A W P V
S E K I N D L M I I E J A F E E Y L W L O U P
A N E E Q T L A F M S P M Q C M C S E E S T Y
N T G V I Q A D U S R R E V O X V O P S O H D
D I A E E J L R D N P J I G G I N G Y X R N C
E C T S E O K K M C C M O R N I N G F R E S H
E E O J G K S K W N Y H D T W P U S Y W X B S
L I R I X I N P D A L Z N Q N H R E F U G E Q
U A I P A L I T I U M E X D K Q G F Y G A E U
E T R E D B B O T V V O K L O K M G P V L Y I
L S Z S C A L L O P Y Y S Q C P I D W H G W D
```

JIGGING	JIGS	RETRIEVES
RIPPLES	DECEIVER	SEASACK
SQUID	HUMANE	MORNINGFRESH
LAUNCH	SAND-EEL	SCALLOP
SUNGLASSES	GOLDFISH	REFUGE
TILAPIA	FISHERS	PREY
PIKEGATOR	MARINER	SPUR
OCEANIA	ENTICE	MESH

Puzzle # 20

```
L J T F S T A Q J N J L S Z C W T R Q E S F H
Y F H F D J X Q G M W L L A N I M R E T K N E
T H G I R B I O A A W O J D R X V J S Q F Z Q
U J I X R F Y E B P Y R R X G E C P I V K K Y
W Y E F U E U H S R V T G B B A E C I M P A G
O Z W E T T L D H O I U V L J C I D J R R T N
U R T H U C V I C N N R K M I P S A E R V S I
N R H C M H K U N T X K D E O S M H U Y R O H
F Y G O S A R C N E B E S C A M V M L R L M C
Q Y I D Z L N E G L W Y S E V B D P W Z Z P A
X P L Q I G M A O K O E G K W K E C M I G O E
D K J N L E F C G E L T I M K E X S Y K Q T L
Y W G L L E A U F E Z R R G D D M V P Y P H B
O G W E R T R A T B M L S E H R R V N M S X L
I A X H E E N L F H G E J P B T Z X O V H O A
F W R W H J S Q W L S M N D J L L E K P M P R
A H T D A O K I L B O E V T J H E H Q B B A O
H G L C L O R T N O C K L A T T S Y T T A F C
```

DEEPLY	BRIGHT	LIGHTWEIGHT
TURKEY	ELEMENT	TREBLE
BROWN	LINEWEIGHT	SPECIES
LOCATE	FETCH	TERMINAL
ROLL	MANAGEMENT	TOPMOST
JET	APRON	CURLING
TALK	FATTY	CORALBLEACHING
MURRAY	CONTROL	TELESCOPIC

```
D W X G K B A C K W A T E R P I B G H G M T Q
H W K F O B O T T O M L A N D U X T R E P X E
N R U C E R N J N L I T W Q K H L N D X L A M
F D P C B V G X K U E W B R F F B J A P U S T
X F U P Y N J E V J J V G I Z F H R R L K D C
R B I Q Z T H L M S F L F W F B T R K O D N S
G K O Q P R Z A N A Y V X W E J N U N R E A T
Y R T K G G S B H M R U U E K E T D E A K L R
U L P H B T A G W T I L L C J J R C S T I T I
Y L V M E N W V X H P K T G J A O H S I R E P
W A O J M A J G D R A U R N P J U W E O T W P
F W F P I U S I H U R X A N P J G B D N S O I
F A F V S Z W Y I S I N L T W K H P A E N A X
Q E S H S H I W U T A S I B R G Y C N D P M T
U S E Q I G M T R D N T G K E W E B S Q A T P
P P T I L K H F I M A G H K H O P B A R B E L
A W V X E G D P Z L T L T J T F C L R S C B X
Q I M F F F N M K D T U R N E M E R G I N G Z
```

STRIKE	TURN	JETSAM
TALK	RIPARIAN	EWG
STRIP	GORGE	DARKNESS
MISSILE	ULTRALIGHT	OFFSET
BACKWATER	EXPLORATION	EMERGING
WETLANDS	BARBEL	SWIM
PONDS	THRUST	TROUGH
EXPERT	BOTTOMLAND	SEAWALL

Puzzle # 22

```
I S R E L G N A E K A L L K L O N A T U R A L
V D Z J S D K W E Q W A D Z Q E C C W U O I F
M Y T H S R Y S J Q M R B P R D V V T C Y E J
Y L I O A S E T Z P M J G P U C L E P I L A E
X X L Q B T M I R H A V C B S A L S B D K M Z
Q B Y Y L S G E A K C Y E N S R M I C T G M N
N V P C A E Y J X G N I H S I F E K I P S O E
J I F D C A J H S U B T I D A L F V W M T K D
S U R F I G Z Y F Q I E G N O P S J I K K A C
Y M I U H R Y S G U B G E C G Q P W E R D W G
D R F U T A W S E Z O W S I I Q W N R A Q T H
N I R F Y S G T Z U F G V P J R O Z P Y D E R
Q Z S A M S P E A T A E I X E R T T J V F K E
S X H A U L A D I T Q X T I C J A N P D H C I
A Y G J E Q F B T L F S Q I G T N Q E O J A Z
H C J D P S B I N C R B M I I A K I G C K J L
W R T F C O P Z I E K Z M O C R T Z J J C I C
W O L L A H S N T D F T N Y V P H W A B W E M
```

RIVERS	JACKET	LAMPREY
LAKEANGLERS	ECCENTRIC	SUBTIDAL
MYTH	TIDAL	PIKEFISHING
SHALLOW	FEN	RUSSIA
SPONGE	MYTHICALBASS	BUGS
MICRONEKTON	QUARRY	SEAGRASS
SEAS	NATURAL	BEVEL
SURF	ADAPTATION	PITTAGS

Puzzle # 23

```
G V Q A Q U I F E R Y U E W T D B T P P A A I
J R A A E W S T Y U J N H C H J D A W V C A B
O F L I K S J E J V O W O R M I N G Z N I A E
W H J D W A G A H C T E F S N R E T T A P U E
J L A T K A U M R P S T H G I S N I E E F I T
D U O V M E L L Z I K U K O Y H P Z I G S S L
M S G B L A L O L C V X K Z Z R S U R J A N E
U F E A F F S I M X D E M G P G T K E K N O U
B R C S G W U R L Z V O R T E X H H P J D R M
Y S B T A K R C Q W P N K B T D G X G O W T P
T T T R Y E F A R T T R S Z E E I X L X O H Z
X N V I X Q C V W N A W D B D D E Z J V R W Q
A E A P Y I A Q C W R F N Q F U W F C V M E N
Q M S M W R S S N D G O V E R H A N D C A S T
H I B I S S T L R Q E Z U T I C K V C Z D T D
Z D D N G W I A P J T Z Q B I U H O N L G M E
X E M E X Q N G Y K S K C A T A D R O M O U S
N S X D Q K G Z C I T O I B A C C C S N N L A
```

WORMING	ART	AQUIFER
GULL	SURFCASTING	OVERHANDCAST
BEETLE	ABIOTIC	COLD
STRIPMINED	NORTHWEST	TARGETS
SCALE	INSIGHTS	TICK
FETCH	PATTERNS	CATADROMOUS
SANDWORM	WEIGHTS	RIVERBED
AMBER	SEDIMENT	VORTEX

Puzzle # 24

```
Q D D D R A D J T Y E C C C I P Y T O N E H P
T H R E M G R J A C T I O N P A C K E D W I M
E G D E S P A M O N S T E R B R L I F B F R F
T P B Z U M U N L U I T Y G P R M G K U X C L
E I S X P L G D F Q D N A B R O T C A R T T A
E P S R U M D Y T D G P B C L T Y V D K E Y S
L A M R E K O Q S S A J Q E Q F L C T H T C H
F D D E S T R X A J R Z A M S I Q Z Z I M I L
L D S B E F A Q C J S D Z H E S N Y V L G Z I
T L T M D A K W N R E K E B J H L I K L E E G
W E O U I E M E D R T Q G V Q O T N O R N N H
N T R C M Y I H B A U U T H N C Y O L U O P T
U A M U E Q D O E I E J G F U L P R V H T O S
P I S C N C A D P P B H I D D K F W Y S Y M N
V L U A T R Y M M U S B O D N T X A D C P Y P
P B R E D N E I A J E R A O K V C Y C L I N G
J Y G S X N W E S R P S T P C Z S I B Y C S R
J R E D T S X E S M R R E D E E F R E T L I F
```

CASTFLOAT	RODGUARD	CYCLING
EQUIPMENT	PRODUCTIVITY	GENOTYPIC
ATTRACTOR	FILTERFEEDER	LEADERBOARD
FLASHLIGHTS	PHENOTYPIC	SEDGE
PARROTFISH	MONSTER	ZYLONFIBERS
PADDLETAIL	FLEET	HEADWATERS
LOOPKNOT	ACTIONPACKED	SEACUCUMBER
NORWAY	SEDIMENT	STORMSURGE

Puzzle # 25

```
M O N N V E P S B S M Z O Y N K A I A C F H O
D V Q P A N F I S H E S Q S W R X F M G K F M
W Q F H F U X K A G T J E M S D L D S S P L L
H D J S L E G I G G I N G R A J R E O X L Y I
I V K I U H M I N X L F U S U O D S F I A T F
P E R F C N E O D Z L H B D E L U F A P V Y O
F T N E M E T I C X E N P J N V T T E W O I I
I E G U V X G N X Q T H B A Q G E H D V S N B
N B O L Q J S I U R A K C N F L J I G N I G H
I O K B H R R I Y U S I E T D A E Q R I M W S
S N H L E R E K C I P H X D A Q B G B T N M O
H E B U D T W T Y Z Z E A O M C W L B Y E D X
H S S P Y D O Q S C F P M F N Z Y O E F O R S
Y C C B E B L J G L E W Y H M A G B R O I Z U
Z N O S P O B N Z K O C I N A E C O L M S J N
K E O V A I R B Q X G H B X D L C B U U I A I
H L P W I E C N E C S E N I M U L O I B D N L
M R G P R S N J R N Y C J W Q F W J B Y X V G
```

GIGGING	BONES	BIOFILM
WHIPFINISH	BYCATCH	BIOLUMINESCENCE
ROE	PICKEREL	BLOOD
FLYTYING	SCOOP	OCEANIC
EXCITEMENT	WORMING	QUIET
PADDLETAIL	BLUEFISH	RETRIEVES
PANFISH	HOLSTER	ANOXIA
NIGHTLURES	BLOWERS	SATELLITE

Puzzle # 26

```
C Q U T T A E S L E E R Y B T K X R C A J N R
U A G D R A G O N F L Y P U S C N N N L X E S
K C L E A R E S C P M G O N E S E E N Q P Q U
Y U T S A C R E T O O C S D W E L T Z U W V B
Z I Y K B L U E F I S H I E H I G V A C O K J
K E L B I U I H C I E W T R T C U W V C W C E
G I T C N R B O W J R L I T R E L V U B E S T
K R U E G K N S A V F S V O O P F P Z E C A S
M R Z F D S L E D O W G E W N S S P U A V I N
W S C C T K X N E K Y O P O H R T U E D B P R
Q R Y R N S T S Z R V F J S J U R M H H J M X
M D U P W L H I O A H D I I R O E B N E D A X
X E V D L V F T H C C F B J A F A M T A S W X
D P O R C K F I H Q D J B J V E M A S D L S S
A E L B U O D V I O M E Z I L A T N A T O J V
O T S E B N V E G C H B O K L C M W A M S N M
B U E V L M I D W A Y X B I S G N I D N I F X
I E G K D O T E V A E W A Z Y J R L N C A V K
```

DOUBLE	POSITIVE	NORTHWEST
KETA	TANTALIZE	WEAVE
BEADHEAD	CETACEAN	BLUEFISH
WADE	CONSTRUED	CLEAR
SWAMP	FINDINGS	SENSITIVE
REELSEAT	MIDWAY	GULFSTREAM
GODFISH	SCOOTERCAST	FOURSPECIES
ARKOV	DRAGONFLY	UNDERTOW

Puzzle # 27

```
G T B Y T N V Y S T C A V U T H I C K I C E S
W X V Y R M E W M A D H B Y D A F R H Y T S C
J R J O C E O Q I I Q H S I F G A H C D A R I
Y D C Z F D L O L F I G H T I N G Q O B R T T
C K M A A A Q O M P H M D G C L E O T E I E S
S W W H Y Z G J P A Y L I M A F A B H A C W I
I F S Q P O W C Q R W A U R W C K T V R U Q R
V D M S E A C U C U M B E R S F A V C F Q Z E
T N E I C N A Q L G P F Q V B E L N W Q R R T
Y L F T E W R M Z N W E I K W Y E I O G J H C
T T W N L U L R L I D E P O S I T Q B P K L A
P U B B J K V E Z T C R A W D A D T R A Y S R
R C E L Z S I Q U A V S V H E F Y W Z O Z B A
A K P O L Y P S E S Z F B K O K O H I P T M H
F C C J C I W U D L P L A N R U I D I M E S C
T A D R W S U T G U F O R E C U L U E T A K S
A S Z Y J P D Y B P N M O Y G O L O M O T N E
D T B U C W V O C T W X M H D M H Q I F X C F
```

POLE	SKATE	WEATHER
SEACUCUMBER	RAFT	HOOP
WETFLY	FAMILY	SHADOWS
ANCIENT	POLYPS	THICKICE
TUCKCAST	PULSATING	CANOPY
TRAYS	CRAWDAD	SEMIDIURNAL
ROCKS	HAGFISH	FIGHTING
DEPOSIT	ENTOMOLOGY	CHARACTERISTICS

Puzzle # 28

```
Q J T C A R T T A S M D Z D Y V E E D A Q J Z
F O B L O Q V K V V R Z W R H M B I S M E R K
T D H C L V C W N M V A U M Y R E T T U G Q O
R E G A J C H L Z N N G I Q H I S U N F I S H
D T S N C N U R D C U V H E F E H A D D O C K
H H U O V U T U H A Z T E U I H I X A I T B J
R G R E H Q E O E G R Q F C H M I Q J T A M Y
O I F C H S V C J V U J E A E T L S G Y W L P
L E C D H Y I S F A E P K Q Z O U U T S A O C
L W A X L A E L T G S E R A H S P A S O O Y C
C I S V R P R O A R N K S E I B O G M N R A E
A A T X I A R T U T U I C C P G M Y C M K I N
S X I C M I J O E Y K E N B X I U D T M R U C
T R N X A P F V N R O X T N D R I M L L B A Z
V K G L D C Y C I P S T R O U G H P Z Y Z S Z
Q J Q X L U B M L R W P E I S R P X S P V I V
I I I C O L D W A T E R P W O I A V P X B E B
Z W O Z H Z M D S O O Y Q K Z R H J E K E H A
```

HADDOCK	HISTORIC	TROUGH
ROLLCAST	ICEAUGUR	FOURSPECIES
BAY	SALINE	COLDWATER
RUNNING	CANOE	COAST
CHUTE	SUNFISH	ATTRACT
GOBIES	EPIC	ANCHOVY
SHARE	WEIGHTED	EQUATORIAL
CHARTERS	SURFCASTING	GUTTER

Puzzle # 29

```
I H P F S S M T W H S D E R Q B D Q O J I F U
U R G E T I F I Y C N E I C I F F E A N G T Q
A M T R Z I N H K C G Z G H G V V N M T J P B
D S E S R S Q B V C G O P J B N G J E J A Z R
M A E D Y Y Q N W G L C I Y M L I Y W T L Z I
M I S D K A D A R K S E A N E D P P E Q T Z N
R S A B I W W R V X G W I R I V S C P G M E E
L U Y M D M T E O P T P S P K L Z N W A X Y H
A H X O F F E K U L G N B F C N L Q H Q R D A
G T Z Q S M Z N K L O X S R O A S T B A I T S
U N L L M J Y T T A B C P L J N U O B C H T R
T E S Z B D A P P I N G Y N N G D Z E C V V E
R M X G G V X D H F T Z L U D D M G R M B B N
O C C M C B T F Y A S K O L W R E H I Y L J N
P O C G D F C S X L K T P N T A X V T L Y B I
L E B H E A V Y F L Y E R S R X Q T T A T T G
R H T E P P I T N S K S R E D A W M A R H Q E
M O K P B G Y W Z K P S T R E A M S S I F L B
```

BEGINNERS	ATTIRE	DAPPING
DARKSEA	ANGLERS	POLYPS
BRINE	TIPPET	STREAM
BLUEWAYS	SEDIMENT	RIFT
COLOR	STREAMS	FALLS
ICEGEAR	PORTUGAL	MYLAR
ROASTBAIT	ENTHUSIASM	HEAVYFLYERS
EFFICIENCY	WADERS	TRAPPING

Puzzle # 30

A W M D K L N L G O S V I M L X O E H L D D B
E F M E G X V E M H B M B A L O G F D G R X B
N V C G F B Z E S T S T M Y K U D E O L E D N
I F N G P R P R P Y F R O T A C I D N I O E O
L C R U U I W H X G Q S X G J H J H B V F F I
C U N R E M B C A I Q C M I X I M H K Z S B T
O I M X W M B A X A L I U Z V R V G D U N E A
N H N T U I H E D I U N I L A O C I S A B T L
C C W K N N Y B W N R O D A T N U I P N G X U
Y W A O W G K E U I E R E N T O N J K F T B G
P D P C N E E U L B S T M I D M C Z N Z Y Y E
Z Y Z N E D G R G I A C J Ñ Q I S Y A X Y N R
S Z P H A H E E V K D E R A D D L K B G Y Y O
C X L A E G D R N W D L W D E E W D N O P T M
R N W R E H F O H Z J E X R U E D B O N U Y S
U L S B Q A M U G O M S R E A C H X L L E X O
G N W O G V S E T H O O K U L T I M A T E Y Y
P E G R K R I U Q Q A D C Y J I Y Z F U G D V

BASIC	WONDER	MEDIUM
ULTIMATE	INDICATOR	PYCNOCLINE
RUGGED	OSMOREGULATION	HARBOR
REACH	DUNE	QUIRK
LANIÑA	LURES	CHIRONOMID
FOLD	BLUE	PONDWEED
SETHOOK	BRIMMING	GAUGE
BANK	BEACHREEL	ELECTRONICS

Puzzle # 31

```
K H K T N Q Z G E R U T N E V D A I Z G U A Q
S O C C V S E L O H C M D M U V T R E K C I P
E C D M O N J P M A M Y C A K B V O W F L S Y
I O E A I D A W N H X Q S S U W D I S R T U J
B R A Q E G Z O H K U T T W A E L T Q R P S N
O A Q B E H P T M I R S G E Q D R V A P J F L
G L G A B Y E K R E Y L R U E G M N A S N D G
D B A C I N R K T M M P N R Y X D C A J Q R S
P L D C N V S C N Q N N N D R Q N N U N A I E
S E O Q U J H N S H V E O Z T K O G D N W F V
B A B F D S Y F Z A S B O B B E R S A Q P T O
P C E L V A T Y Z S C F I S H E R S U M F M R
I H L E A C T R O W E N O T S W W R G G T E G
U I F V A M A Z I N G S T A L F F E E R Z T N
G N Q A V O M I J N B N O Q S X D C A N A H A
T G H R C B E K B B E A C H C O M B I N G O M
Y I G T H Y G F K Q I O A M L R S K R U V D I
E E N I E S E S R U P H A L O C L I N E S T R
```

BOBBERS	STRETCH	GOBIES
DOCK	MANGROVES	HALOCLINE
AMAZING	STONEWORT	ADVENTURE
LACUSTRINE	STRAND	TRAVEL
REEFFLATS	WILDERNESS	HOLES
PURSESEINE	QUIRK	BEACHCOMBING
PICKER	DRIFTMETHOD	GUADUA
FISHERS	CORALBLEACHING	CANOPY

Puzzle # 32

```
S T A X X E G D M K N P N Z D U O I L H H V O
Z B O C P L R R J J O U S U P M Q P G N E M T
D C P Y A O Y R P Q C R M K A X L M Y T H S X
C F R C P Q G R E E N P E Y I A F F V C V G U
T I I S J Q E I U G U L N R N M L K D Y L O Q
L A H Z B G X E S W S E H K P Y Y P G A I V G
L O F P C E N I Z T D E T H C O Y O N M T E U
T G I R A D S R E D N O W A F J L O G T O R H
G N L N P R N M J E N O S E R O I Y C W U N R
N I T J T F G S M A Q T Z I M T M Q P Z R A M
I H E D A A P M N G I A M O I N L N R S N N C
B C R U I T U A J N U V T D C B H Q P J A C G
B T F B N F E D G C A N A D A P J X I H M E Q
I A E N B C J I O B E R Y Q P J F G V N E P R
R M E G A W Q N R O T S X E N L G I K A N X X
D N D T G A P S J L U T I W L I M X K T T T M
N W E P L A S T I B A I T O N S T A I M I N G
K C R P C P X W X G Q X T G N R G R P M A Y W
```

<table>
<tr><td>JIGGING</td><td>GRAPHIC</td><td>TRADITIONAL</td></tr>
<tr><td>TOURNAMENT</td><td>PURPLE</td><td>CETACEAN</td></tr>
<tr><td>GREEN</td><td>ENTOMOLOGY</td><td>WONDERS</td></tr>
<tr><td>FLYCASTING</td><td>POLYPS</td><td>CANADA</td></tr>
<tr><td>MATCHING</td><td>CAPTAIN</td><td>NOISE</td></tr>
<tr><td>FILTERFEEDER</td><td>GOVERNANCE</td><td>RIBBING</td></tr>
<tr><td>PLASTIBAIT</td><td>GLACIAL</td><td>PLANKTON</td></tr>
<tr><td>MYTHS</td><td>AIMING</td><td>DROPSHOT</td></tr>
</table>

Puzzle # 33

```
W K V U V G R E A T K I N G C L G C K R O Y N
O A E K D Q Y Z V N O O C Y S C U R N S E H H
L L P T A E S L E E R Z I Y L P D U A A E C Q
F U Y R O T C E J A R T G A R A S P H K R T M
T V N Y O B D G J V G S S W D J G A S E N Q O
S J M H S M Y N A V L S O W V I X G P N U E A
A T H L E X J I N Z H V A F Z U Y R I E K I E
F F U S I K L T Q M R R W Z Y Q N F C K X T C
J R C F R M S I S H C N A R B I D U N O R K I
E Z I C E Q G A Y Q N R J J I K I S N E G O K
A C H M S J I B K U D R X G G C I A O N D B C
G T P Q R L G E D C N O I T A D E R P D N A I
Y H O N U P L G F J G M V D A I I P H F J Z H
W H R I N P Z W F H T P E D W O L L A H S H T
D S T G B Y D M Z Z J J M E I Z B S C B S A A
X I U W Y Y S R E S U O L C D Q S Z L I H D M
C I E I I E A Z Y D D W K Y D F X E E H F J K
Z F T V I R K A V B W O Q U S J W Z Y K S V B
```

LURE	SHANK	NUDIBRANCHS
GIZZARD	FASTFLOW	NURSERIES
TRAJECTORY	BIOTA	CRAWDAD
CLOUSER	KEIRYU	KELP
ANOXIA	BAITING	FINN
GAP	THICKICE	EUTROPHIC
PERCH	PREDATION	REELSEAT
GREATKING	SHALLOWDEPTH	CLASS

Puzzle # 34

```
I F M N B H S R A D D A Y D R I D O I S H N C
C R E S T T E H L V I N J N K P E U L D I H G
Z R E E R H L P E W E U I T R B A Y I I L Y R
L P U E T N H R W R W Q Q N G I O R A D U W O
Z C A A G W M V I S O R D S Z S U E T Y Z D D
S M E V D N E J F Q M D U P X O T O E M Z P H
S W Z A Q U I F E R U O A Z P P D C L O B Q O
Y Q T C A T C H M E N T N N W O O C D M G W L
I G I Y H Q R U C L O R H O D D O X D L E D D
Y K D H M A T B A A Y N B M F L R Z A Y N A E
E C N A R E V E S R E P S C U I I L P A J P R
M I G R A T I O N P R L Y I A N L N L B K U T
M L V D R A G G E R S M B Z E T V M E P E H A
T P E V M N Z E D A V J U L I E O A F A P E U
O B D M B N J Y W E H P X J E T E A O L P P L
Q L S E U P H O T I C N W A T E R M A S S W P
U J L O O P E L F F I R E O R W Y A D R A L M
D E D N A H E L B U O D B V E D R B E N Z Z V
```

MONOFIL	DOUBLEHANDED	DIDYMO
WEATHER	EUPHOTIC	PADDLETAIL
SQUID	AQUIFER	STREAMS
MIGRATION	TRAP	CREST
CATCHMENT	RODHOLDER	ALEWIFE
BLEACHING	OUTDOOR	RIFFLEPOOL
RODANDLINE	PERSEVERANCE	ISOPOD
DRAGGERS	BOTTOMLAND	WATER-MASS

Puzzle # 35

```
E M E O G F D G K R U N R E T S L O H R T E M
Z P T Z I O N G B N B A S E C A S T I N G A C
Z T L H Y I L K N N A X P Y L E S N H T X S Z
G X V B R Z R D R I L L O Q Y O M I E J F U T
V M H R G N T U E E H F H H C A O B L F L I N
T E E E S B L A Q N H C Y B C L A C G Q P A I
I H M A C A G G R S Z K N K A Y Y L E M I T W
X U K K J N A I F G Q V E U O K F A C H T I E
E J F C I K N O P H E R Y U P T Z F I C R T V
U U D K V S R G X O E T G N I T T E N E O I B
C B O A U P D H J L S X S B I T H N L D P D I
E O C L P A K D S C I S S O R S W E N R S A A
H Q A N G L E R T A C T I C S L A X H A N L P
Q L E E F Y H U I E Z M N V R D V M P G A W O
N L A M A M P M M U D L Z A E Z E M U G R A L
Z S J C B Z U O P I Q B V R J L P D K I T V Y
L A R U T A N T O P S T O H Q L M N P N Y E P
H V D U V U D Z H A B S D C N L L G X G L E S
```

NETTING	GOLDEN	BASECASTING
HOTSPOT	TARGETS	TRANSPORT
BAYOU	DRAGGING	MACKEREL
NATURAL	POLYPS	SCISSORS
FEEL	WIRELEADER	HOLSTER
TIDALWAVE	COOLER	PUNCHING
HERRING	QUIRK	ANGLERTACTICS
BANKS	TIMELY	HOOKING

Puzzle # 36

```
O Q D S W T V I C E B E R G P J L L O R T T L
A G K T F R C H Y E Y T M I T U E T H S M L B
X E Z F O O P D U T E Z C Z Z N V F Q N I A U
H K A F L P N I N L E T S H N H A O E R Y V V
W W Z C I S A B J U S E U E U Q R S K G Y I D
Y C Z U O N G Z S R F T F S O H T N E B O O Z
M K C B S A N C E T I H W T A E R G R Q S X L
F Y X H E R I G I D A C P L F D O H T E M V L
P T G D B T B L N T R B T R E N D S I N K E R
M O C P E E M I J I E Z I D P A D J O H S A N
E B L W D F O B Z L H H V L U Z D J P D G L M
A I J I R K C P B N P S T B I F V E I E U O I
N M L U C X H S K Y A L I N G Z G U R F Y U V
D G X D Q Y C A F Q I L M F Y N A G E S V E C
E R Z L B D A S R A B J I T T S B T K I F D I
R G I R G J E X E N U J S D J A L E I E U E G
D P V U W R B M P K O P W K F C O F F O P X L
H Y E F B J A Z W P X P E Z A T L B N U N P X
```

SINKER	ICEBERG	KRILL
BOATFISHING	SYNTHETIC	TRANSPORT
GREATWHITE	STABILIZATION	INLETS
GLIDE	ZOOBENTHOS	TROLL
MEANDER	METHOD	TRAVEL
FOLIOSE	TRENDS	BARS
BASIC	SOFT	BEACHCOMBING
POLICY	LEADERS	FEN

Puzzle # 37

```
H U Y E M I Y G F Y K O X T Z F K P S N R N T
V R Z S L E J V U E R S T R E A M E R H O O K
L E V I O Z O D V F A P I B C S Q Q I S K Z U
E D I V V R G I Y J O Z G R E U W T W L H T O
N A E Z T B L E O D M P U C E I G H T L J B Y
G P W E O D E T R I T U S K E L E H Y V R T U
T A X E I D E T E A H C Y L O P G V K E E I J
H C O S O D G A T D H S U I P I S L N U F D Y
S S Y O T P N L J V N L F E R A I O I X F E F
S E L J H O G Y T C E F R E P Y D V V U U P C
M F A L Q N N X S E L C Y C R D E U E B B O P
Y Z K A X D G K T Y Z R X J Y G A L S W X O O
T J M C Q W N Y D V N Z T Y W H R L D K O L M
H E V C O E H Y O F F S H O R E M G X K D U Z
I U Z S D E B P L E K D O R G N I N N I P S D
C U H Z Y D M M X C H S I F N U S T T F B U Q
A A D A P T A T I O N X V V V X J T S G X U R G
L A S R S A Y Z T M D E M C A H S J V C X M H
```

KNOTS	PERFECT	KELPBEDS
OFFSHORE	DETRITUS	FLOOD
RIGHT	BUFFER	SIDEARM
ADAPTATION	VORTEX	RISK
POLYCHAETE	MYTHICAL	KNIVES
LENGTHS	LIVE	TIDEPOOL
SUNFISH	STREAMERHOOK	SPINNINGROD
ESCAPADE	PONDWEED	CYCLES

Puzzle # 38

```
N I Y C L G K O K T E L L I B E H F L E L C F
A C S G C E V I L O R B D U Q J U I L A W I R
B L S U U T F I U E X N S J E N O M E N A N E
Y E T A F W P D T H J D V V K D S R P H C A E
F A U J R I M S E X O B Y L F M L S Y C G G C
L N U S J S Y G R A S S H O P P E R F A Q R A
E E E X T O H D R I F T M E T H O D T M Y O S
X R X Y J P M Q E Q L E S X E L B B O C Z G T
I W K O S L W E E D D I T G N I T S A C Y L F
B R I B B O N C M I S Y R S B K J J N Q F K P
I A O B D L M G U B N O I T A T N E M I D E S
L S E H L T Y M N Q C M K M W C P I Q U M R Q
I S U P U C R G B I K I E B A Z E K T T S S C
T E D V A O A Y A B T Y Y H S I N I F P X M K
Y B W T D U B E J M Q A W G Y F A K E O X P D
I B D J W S E H S R A M O G M Z M C T O Q S Q
W I O A H E G E C A B H C L V V F P A L N C M
U P O O L R E P P O R D P V F J A E Q G V P Q
```

STRIKE	POOL	GRASSHOPPER
FINISH	MARSHES	RIBBON
OLIVE	DROPPERLOOP	OYSTER
FLYBOXES	COBBLE	FLYCASTING
CLEANERWRASSE	CAESAR	FLEXIBILITY
BILLET	FLOATING	SEDIMENTATION
FREECAST	DRIFTMETHOD	MEDIUMROD
SPEC	ANEMONE	ORGANIC

Puzzle # 39

```
V Y F K H H P R S U B A Q U E O U S Y Z D S I
Z F A C V C H B K F H J S L F O G W G N N E A
C O N Z I R N K R M E Q K U P Y A K J F N D V
K E U N S A D E F Z L D L L R G R J E L C U M
T Y A E I Q S R Q J D S A K A F S L K O U E T
C A V S R H I Z I A R R R W J Z C F A A M G F
N M B K W F U F S O V E E D O S E A I T G A S
Q C O A J I J S S A E V A S T O O R S S Q B V
H T T H Q E A S T F Q T E M U F Z I Y T K R Z
H E V D N D I N C R L T I T G E U W A R I J C
R Y X X D C D R Q E O D L I R J N L L P K N O
Z X O L S K E B D A G P J G C I G N A F W O G
H S E X U S R N W E Q G H A N T U R M B S C G
X O B I T X B Q S U J T Y I N V I M S T E W
H C D A R M S I L A U T U M C A J R P G I A N
O I R Z O F L Y M P H T H X N F H M Z H R N M
E A M L E M X U S R E P P O H B B Y U A J I D
B L B W F U Z J M Z U U Z R Q Q K G T E U C Y
```

FLOATS	ROOTS	TROPHIC
SCISSORS	ANT	SOCIAL
ARCH	SURFCASTING	TRIUMPH
LARVA	REEFCREST	TUNNY
TENCH	MALAYSIA	MIDGES
MUTUALISM	OCEANIC	SADDLE
FRESHWATER	HOPPERS	RIPARIAN
DELTA	FLYMPH	SUBAQUEOUS

Puzzle # 40

```
N F F F J O M M T F O J E V E L H E S C R S N
Q J M G D C L R R B W O E N V R Z L K X Z A F
T Y P E S L H P G P R E L E A S I N G N U N M
Z Z O L S G I A A O W S D L A V B D R A U D Z
H I R T H T H A R H E R B I V O R E F I S E H
B C I S X S I Z T N O O L A S R R M K T W E X
N G V U W H H T Z B X D E L P U N N D R F L R
V E E M O E N T N A U S T E A L T H V E K C B
E J R R H E L X B R Y A R N I N G U C N Z A L
I H B O V D P L N O S C F V V L A R G I K H I
T S E A L X W W S M C Z U U I W M E S B G A R
J W D F O C E A N E U A Q Y G S C F H F K D S
J Z A B A S I C N T L S A J Y N O O L N L A P
J V F F S D U F I E P H J E A I D U A T S L R
P R G K U H J T R R I R H G C V L Y T L G C B
N M D K N B S R I S N K E X P F V W V U I Y A
Y W D N I W L E V E L L L A R E T A L Z L D Y
F G N I B B I R L Y E L W W R R M A R S H E S
```

BASIC	SCULPIN	MARSHES
VENT	TYPES	INERTIA
TAIL	LATERAL	YANK
YARNING	SAND-EEL	CHAR
HERBIVORE	OCEAN	RIBBING
SWELLS	LEVELWIND	RELEASING
ELEGANCE	STEALTH	RIVERBED
SALOON	BAROMETERS	HADAL

Puzzle # 41

```
F F M G T J B P A J U B B H Z P S Y C I C D Q
N S T H O R A X G P V G S R Y X N R A X N P R
J S E S S A L G N U S N P P I R Y I E W P R B
W D O W N S T R E A M Y M C I F E M T Y O P N
P R T S Y A E D N V W C V O T E F H N R A H G
L N S D R E D D F I S H V M T X A L S E S L X
U K K I A D I T L I A A Z M E P N L E I C D L
T U X N L A S X I G F C B E G I G W L P F S C
V U T O A C N B A R B E L N U V D L Q T O H B
M S B M S S A I V N R D I S A Q X E A B E O Q
Z K Z L D A E D H J E Q P A G H J L N N N P L
W H E A W C C F W S R A L L H C E Y I T B S P
B V P S A W O L R K R E J I T S D L E G I M I
V R P O T B A E M E I O S S P Z L F M C U F F
B E X L C Y M K N F O A S M E E W F I J K Z Y
I N G D H M Z L Q T S E W C D P D T Q X D B O
W X G B I I M H S R A M T L A S Z F E E D E R
T T E N T S A C I D F J P F L Y C A S T I N G
```

FISH	FEEDER	RIFFLEPOOL
FISHERY	IMMERSED	JERK
BARBEL	CASCADE	TALES
CHENILLE	SALARY	LAYERS
COMMENSALISM	OCEANSIDE	THORAX
SALTMARSH	WATCH	IDENTIFY
CASTNET	FLYCASTING	SALMONIDS
DOWNSTREAM	SUNGLASSES	DEPTHGAUGE

Puzzle # 42

LEARN	JACKET	ELASMOBRANCH
PULLED	SWITCH	DRIFTNET
GRIPPERS	CAY	GREATLAKES
AMBUSH	GRIPTAPE	GLORY
MANTLE	SHRIMP	CHIRONOMID
RUBBERWORM	FAME	FORCEPS
BUZZBAIT	MOSS	CORALS
JAPAN	VESTS	CREVICE

Puzzle # 43

```
A V L T I G Q J F L E D Z A M C G C I A Q M K
Y U N B T S E W H T R O N V S T A Z S A B W Z
L T G U O L I G O T R O P H I C S T E U L B B
W O K E E K N R T A L J D H L Q O A T V K C A
E G H J R S I S O I B M Y S A C I T C A T Y J
O E E D I S N A E C O P I J U M S K E Y I Z K
N Y M W G K A Y S F N N Q M T W I H A M E L L
K M A E P I C Ñ S Q O V K O U F M U V X I P S
K O S I R Y Y A I I I F I B M X N W B L A U S
H T M N N G D F L N T W N E I L E E R D R A H
S W K C R O I D V B A I G L L B K B B J V Y X
A N X U C H E N K C V L C E M R E U O U M A H
L S R B M B T S G C R I H G K E K T B L L L A
P B F A V V Y R L P E A B A L F U X N A K I B
S V L T E T R A O J S X T N G P G N R Y U R R
Q A Q I C R M O Y N N Q B T S S Q A A V X L G
A V I O X S I Z R U O Q E M O G S B E C H T O
D W J N H U C W E K C B Z T W Y I E L Z N C L
```

LEARNBOB	BLACK	SYMBIOSIS
CONSERVATION	EMERGING	SPEYCAST
KING	OLIGOTROPHIC	OCEANSIDE
WIRE	NORTHWEST	SPLASH
CATTAILS	MAHI	NORTH
MUTUALISM	BLUE	HARDREEL
CLAMS	ELEGANT	LANIÑA
TACTIC	AUGERS	INCUBATION

```
U W C H A R T E R R Y W G A Y C K S K J Q P Q
S I I H I S L A N D O G T O X S E B G S P I Q
W R U X H O F C S N S O E N I L T H C I L E A
I E W Z X F Q J N I S E S U F B K J K P R R P
N L P C U A E I B C I L L C C R S N E I R H C
G E P P M H M I O X O J U O J O W Y O F L O Y
L A N R I G W Q M P T T Z F P R I X V W E L T
I D G R N E E N I L D N A D O R M E O L K E E
N E I I T Y R I I A S T N K Q Q B D O C Z S I
E R V P Z Q N L R W T B I Q U J A N R T H S R
F I Z T M D X U I Y S O J O Q T I B I I B T A
D H U E R Q N S N N B H E M O S T A T S P J V
E Y L F N O G A R D E Z D S D Y S B B E E Y E
V L I Z F G W S L Q R S K P F H A P C W C Z Z
H T D F Q F X N O O L A S E O C I T O I B A R
Z R Y N X U X P R L L T H C U V P X K C X P X
P C L E A M K A V O K I P L L O T T S U P I S
P E I O H H D K K J H O I I Q B W G T K K X T
```

RODANDLINE	SALOON	HORNWORT
LICHTLINE	SELFCUT	EYE
POLES	EBBS	CHARTER
HEMOSTATS	DIVINGMINNOW	ISLAND
ABIOTIC	WIRELEADER	SWINGLINE
DRAGONFLY	FATTY	PIERHOLES
SWIMBAIT	SPEC	RUNOFF
HANDLE	PIERLINES	VARIETY

Puzzle # 45

```
B D E W J H W D R E X P E D I T I O N H H G F
A Y C P S S A R G A E S E G Q L A T C H D U N
W N Y J E L Z O B E Z P S Y B V N H R R G A B
L A Y D D G D H H Y I H A J X E T P T Z A P T
Y C D V G L W S L K X X G M K C A L E E R W E
J N R G B J I O E M E N I V A R X C J U D B L
E R O A S F N G S H Y I C N R Z Y H H X F F P
B G F A T F A S U E C B R I D G E P O R C H R
V Q R L I T G O T I N O B G C G Y E Y E E V C
R O A B O X E Q E P Y C N O C L I N E Z X E I
O S E R N K G J N W E X V D O C I Z O W W R L
H R C Y V L S L Z L U E F I L D L I W N Q R G
S X P G A C K E P P G O B R A C K I S H G N V
L E E R C B C J X G C J S T S A A I Z S I U N
D C K U O I N G Y O N H A Y J Z Q H K D L A M
T H O R A X F I P T B W O N D E R S N A V Q Q
P Q O I W M N V U R N O D H P C S E V I A K A
O G T B X U V B N M X P J X T S B B W M V N S
```

REEL	MAZE	BRACKISH
WILDLIFE	BENDING	EYE
CRAWL	BEACHREEL	BONITO
THORAX	RAVINE	EXPEDITION
BRIDGEPORCH	SALTFISH	ARC
SEAGRASS	NETUSE	BOXES
PIKEGATOR	BAY	CREEL
WONDERS	ZYLONFIBERS	PYCNOCLINE

Puzzle # 46

```
Y M J Y A E S R E D N U I C E L A N D S N S A
F M P G O C C I O V P S A S E A Q O N X S K I
A U M O P M O V H L S I G H T H S I Z B H S A
I Z I J V U R L D E F H T U U O Y T V L V U A
A F A K A A E Q B V G A H H D P R U S A R L V
A I D C A T S I V E X W W G P F V L U S R L H
J L W Z A C A X Z E I S W U T O K O V S B O R
B C D S X N S X D I D V V O E W K S Y Y R M W
H Q O P E R A T I O N Q Q L L R X E B B A K J
I M A Y T U A E B N N T S S O S O R L A X D B
S X L E N G T H S G N I H C T A M S T W C D D
L W I Q D Z T Z F U A L D L L U S P W N I O U W
O C I H K E E R V J G I Z D T A H E A T E R S
W P T X U V N E X W O U A E W S S B S M I G D
F T O J V N C S X U U R N N W T N E I R T U N
L S R N G N A H I Q L N S O R D E K O O H Z Z
O R U N C D B E P T U A C X S P R P I C Q Z A
W A A D W M L T E A Y L B B Q S L U P S B Z Z
```

UNDERSEA	CORE	LEVEE
SLOW	SLOWFLOW	LENGTHS
VISTA	MOLLUSKS	SPAWN
NETS	NUTRIENT	BEAUTY
HOOKED	SLOUGH	MATCHING
DIURNAL	SIGHT	OPERATION
ICELAND	DENSITY	FRESHET
ABYSSAL	HEATERS	RESOLUTION

T S E B E Q U V Q G W C I H P O R T O G I L O
L I I T B O Q Y Y N N X A S Q Z A N S M F G V
B W S H D Q G H V I Z N D E C R E L O O C R V
I A L P G L O R Y T T S E D O E V V R F D Y J
T U I S R I E O P I U V F A F E E D E R O B Q
F K A S E D I T H A I D T R Y Z V J V Q K U U
Z X T A L A J R S B D E N G H M P E Q J A N C
A M N B R N E W M E S T E P F I P N D Y H X I
G N O E U M X X B C R Y S U L U F I T N E L P
V T O P I T T A G S G U S Y I Q H H U D J C M
T E C Y I P L V P O U I T I H H C L I Z A R B
Z Y F A S P U R L D T M B A A S T K P A I S Z
X U W N J F M O W M C L I N E K R A O I I P D
E D A R T G H S I F N W O L C R Y A W D I M I
A S E G O P F I S H E R M A N F C W V H B I S
L M L O R Q T T D R R A S N I C K A R Z D W P
Q T A O L F T S A C L V V T I G H T L O O P A
E Y M X R P G E H E Z E P Z R P W Z P R A Z M

BAITING	COOLER	CLOWNFISH
CREATURES	MIDWAY	PITTAGS
GLORY	OLIGOTROPHIC	MAPS
TRADE	FISHERMAN	BRAZIL
TIGHTLOOP	TIDES	TASTE
COONTAIL	UPGRADES	FEEDER
CASTFLOAT	QUAY	SPUR
DEFTNESS	PLENTIFUL	MORPHOLOGY

Puzzle # 48

```
R X M V V D E N I L C O N C Y P I Y M U B P T
L U V B A R N A C L E S M B K V L L I J X U S
B A J H W B S U W A V E S V W N B K E W U T D
W I R E D D E Z G F V C A N O E A M N N C G E
N I O P A E A U D Y Q P S G U T X Y S E T K Q
G H Y P C E W Q E U S V G V E U U N S H J I O
N Q I I E P A M V U V C L A L Z X N S B L W C
F E J H C S L P R W G H O Z F G I K A S J U F
R Y J L J E L G G E S U W E F O T G P U G H A
K O T Y P A E K M M S M J K I N O I T P A D A
R N H O K O Y M N C C L I B R T N E M E V O M
Q B Q M N I V G A I D I G B U N W A B A R F Z
D Q W F P M X V A S S N S S X E T Q H D N E F
R O I C T M E U O R Y E O R L H W E Y I M L E
A S O T L N Q C J Z H E F T M X V A R X I K P
H D C A G V Y M N O I T A R O L P X E O B O H
Q I O E P H Y T O P L A N K T O N S B Y L R I
D Q R R E D N O W Y L E E F C L Q D V E H M T
```

POLE	SINK	BARNACLES
EXPLORATION	LENTIC	PYCNOCLINE
WONDER	SURGEONFISH	DEEPSEA
WAVES	SEAWALL	BOIL
PHYTOPLANKTON	TUNA	RIFFLE
ADAPTION	PIER	SCAVENGER
CHUMLINE	FEEL	CANOE
GLOWJIGS	INSECTS	MOVEMENT

Puzzle # 49

```
V E O L V N N A Y I C A T V Z P V T R S M G B
P O O L D E P P I H W D U E C S O T I C K L U
A H S I E T R W T L E M B R E A I G C W D D W
U K D P S U A M O T A T G T G N I G R E M E T
Z O E H G S K C O T S V Y M O N I T O R I N G
H L Q I I E A S C O E H H L I A T E L D D A P
T R U G J T T X R H P N Y H T O M M A M Z L P
Z S Q D I D H S Y O R O D S T H G I L T O P S
W Z A O X K T B R D E I R W A K V L N M V L E
S V N O Z O Y D L F T T O F Z C C Z O T N U Z
E S R S C O Y D I D S A D X J V D R I L P F R
G R O I N H K S T N N C Y T V W M Q T K H S V
E F C N Y J T W T Y O O N Z N S N D A R J S R
R I P E L I O E O N M L A I O E P V T H P E G
C H X O R X W O R Y B O M K L B C M P G S C M
B N T I V Y D N A W F H I B S Q Q S A X O C R
R E Q V R Q G P L T N C C D T H F Z D W H U I
L B G A C Y T C P K S E S N E F X A A M S S S
```

MONSTER	EMERGING	SCENT
MONITORING	HYDRODYNAMICS	GROIN
WHIPPEDLOOP	HYDROPHYTES	STOCKS
ADAPTATION	ECHOLOCATION	JIGS
LITTORAL	NETUSE	TICK
J-HOOK	COAST	GYRE
SPOTLIGHTS	SUCCESSFUL	PADDLETAIL
MAMMOTH	SWAMPS	LOCATIONS

Puzzle # 50

```
U W Q X U L Y Z U H S R K F R M F U K E P Q N
P S E L N S G H Y C Y C O I F I S U M F K R S
O G N V B B O D D A A B S R J W S M S U A U L
I K J Y D R B U L E R D Q I D S N M W K N M A
M R O L F O A K T T S P I P R V M L P T J U I
W S Y O M A J U H H W I V P I I D Y O O X T R
I T M F S D Q P C H O I C E F B Y U N L H C T
K A E A P Y A D I L O H M R T R C F L O A T S
M L N B I U Z A M P D E R E N H P I P W X U E
L F T D S P E V I T I S O P E M H T Y U O T R
X F A A C S H X W S T I R D T Q X F D M T H R
S E C M Z A S J O R O V Y S K C F Y O O H R E
P E W Y U A K P X H Y R A L A S S R P G A E T
G R O L X O O V E Y E K R U T O D Q M V U A O
J M I G T D E L G N I T T E S A Q D I S C P Q
G N V H H F E G C C M H H A T D P S X Q I C M
G O H P U R S E S E I N E A P N H E E C H Y D
L D Z H I Z X G K H N X C M W E Y S B W T M K
```

TEACH	SETTING	REEFFLATS
UNTOUCHED	CATADROMOUS	DRIFTNET
BROAD	ISOPOD	TURKEY
CHOICE	PURSESEINE	ENJOYMENT
SALARY	HOLIDAY	POSITIVE
RIPPER	RAVISH	RAYS
FLOATS	TERRESTRIALS	SOUTH
RED	SWIM	HAULING

Puzzle # 51

```
A D B G Y G T D D A B Z D Z A U G E R S A D I
E T V A P A A M J X F Y T I V I T C U D O R P
V H U N Z E R V Y E S T J F L G B K F Q B D V
O O G S R J T E A T D D S K F N N U M W A Q Z
L P G P G T M T C M H G E A K D N I K X P A P
C P S Y I E H Z A M N I L V C W G N R S O L D
W E I W R E J P L U D M C O O F X R V R G F E
T R G G R V F Y H W D X Z A E M R U L E E W B
W S E S Z R S N O U R A I K L D F U L C L H R
U R K D U R F P P N D A O R J B M A S U E Z A
S J K Z A S Q R E O R O F Z I L A O S D X R B
Z N K J M W K V P V H E S W H I G S I O M P S
R X E F S V D W X N V I V T B L C S S R A J Y
M I C R O R O D U Q V M M A A D T K W P X V S
G X S V V W T I S O P E D A C A Z N U U O P G
W A T E R M A S S S L I P K N O T Q Z P O M V
U B U C K E T B L I N D S C H U H Y H R W U F
E X E V I S S E R G E R E A U W Y H T P Z C N
```

HERRING	EMERGERS	SURFCAST
SPORT	AUGERS	PRODUCERS
HOPPERS	BARBED	MYTHICALBASS
UNHOOK	DEPOSIT	DISTANCE
MICROROD	SLIPKNOT	REGRESSIVE
WATER-MASS	HOPE	PRODUCTIVITY
CLOVE	FEATHERS	SPREAD
SNAG	BUCKETBLINDS	CAVERN

Puzzle # 52

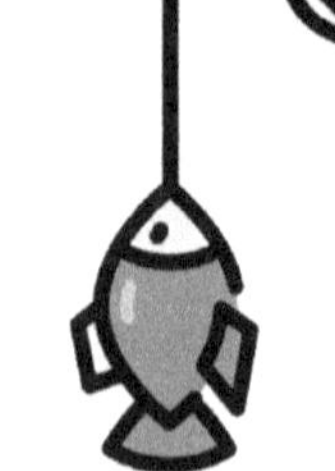

Y B A R C F K C M S M P E B P W N L R O C P B
Z Z P A T C H A K E Z C B Q W B E N T I T Y N
Z Y D Q Y A E Z T I M Z O E S A C E L K C A T
X P X A R S V I E R D U E M I R M I G U J G Q
A R N W R O O A C E Y Q F L P R W N Y S R M S
J D Q H E T F W H S I S E E P E F S E H R K Z
V L B A C I S Q N R X L S C X J T N M D O Q P
H Q W M N K J S I U I E Z R G J L I T X B E Z
L O D G E P M N Q N J E T O G X K V T J V B B
O D X V I Q V A U X O R L F D B U Z F I H E U
V F I N T A P E E B A R O M E T E R S T O K K
Z L V H A D G C S M Z M P K I K E T A E N N D
O T O Z P S D O R I S I N G O R J P N B D L O
Q E F L O U N D E R V T R I B U T A R Y V E M
Q N E E C D E N S I T Y I S S O U N D Q B G L
Q P L J R U Z A R R K M P S G L D X P F J E L
W I U P V U A P C E L X Y G M C H S S C C N W
Z D L I X X X S Y K D F L Y C L O S E T L D S

DIPNET	TRIBUTARY	FLYCLOSET
LEGEND	FORCE	PATCH
PATH	SEAM	OCEANS
PATIENCE	SOUND	REELS
DENSITY	TACKLECASE	ENTITY
RISING	COMPETITION	OLIVE
FLOUNDER	CRAB	BAROMETERS
TECHNIQUES	DARTS	NURSERIES

Puzzle # 53

```
Z U R U M O O N L I G H T V V A Z L P M Y P Q
L S U J L A G U T R O P V F W O E A P U P C H
O R X B A C K W A T E R I G Y S R W C W D U I
L E G G S K N W S D R I H M M R T T G L D J C
F D G I K L W J N X E W L O L E S Q E D K E B
Y N I J E Z Q G K V N S K P Z P M A O X B S C
V O K C O T S D O O R B V W E O B Z Y O H K B
C W W U W Q V G C L U V L C J L U E M N A I U
F T W B E G I N N E R S B W K S K D O A P T Z
W O T R E D N U J F W I K Q A S N C K Q S T Z
Y W W E L X B G T Z T A Q K N R Y G A T S E E
U K B M F Q H Q K O O H D A H S T N G H E R R
X T X O F L L M R H U V S O E I P I Z A L E K
P H C O I S D I P B A I T N U J J T R V D H M
Q Y A N R R G Q G A M U I N A B T U W O E Y U
K U F L A A H G R J R F C F C E T O Q K E U W
V X A X S S I Z M Y T H I C A L C O K C W C F
V V G Y K O G P V L Q Q U I E T U O Z X Z A X
```

BEGINNERS	SKITTER	BACKWATER
WONDERS	BUZZER	UNDERTOW
QUAY	SLOPERS	MYTHICAL
PUPAE	VORTEX	PORTUGAL
WEEDLESS	OCEANS	QUIET
TRAWL	OUTING	RIFFLE
SHADHOOK	SANCT	DIPBAIT
MOONLIGHT	HACKLEPLIER	BROODSTOCK

Puzzle # 54

```
H S O W R Y G N I H S I F Z T B X H R W M M X
T N D P D V J W U N N B O J F B X C A T I B G
R N O O G O W V M J R O S J Z T Q T K T D Q B
N F E I A V C P I N T E R N A L T A S D W Y O
L F D M T C F P J P Y N J K V Y I P F J M K N
F T R G Y A I Q T I A B E V I L R Z T M N L L
L R I H A O T P B T G S N O I T C E S U E Q D
I A F Y T C J N O N A B R E C U D S N A R T E
C N T E C R O N E C C J C S C M X F P H H S P
K S I Q I W L U E S S M H I S C X U D R L I P
I P N S E T U P S D E O A I T E P H Q Z K L M
N O G B L O H Q C T R R R L Y C O C U M R T E
G R T I H M G U X T I D P C Z B R N Q C Y A J
T T H N Q P H X S C O C W A I I D A V Q Q T Z
O P G Q E D M H V A X U N J E M M J A Y X I F
R T R A Q M A Y N N O D M A N G R O V E S O O
Q L Y I M N E L E G E E P A R T R I D G E N M
Y Z Y M K E N C T R K V F S E I L F K C A L B
```

SETUP	PARTRIDGE	SILTATION
ENJOYMENT	BLACKFLIES	ACOUSTIC
PUPAE	PATCH	GAME
SECTIONS	TRANSPORT	DRIFTING
MANGROVES	FISHING	CEMENT
TRANSDUCER	FLICKING	MICROSCOPIC
LIVEBAIT	PRESENTATION	SHORTSHANK
ARCTIC	ZANDER	INTERNAL

Puzzle # 55

```
C K R T N X K X D E G D I R T R A P W Z I Q C
D O E X F O Y I L Y A F F O T H R U S T D A X
H F I F Y L G M D H K E U C O L L I K S E O K
H H P H A V V I H Y B R I D R O D W W J R O I
F L J K H C E T L O Z X M Q Y R A B N U O T K
C D E Z K A Q A S X J S E G N I L G N A H A B
E C I T N E N T Y C A R N I V O R E Q X C T V
T H Z I Z G G I C R B D U I Q H U I B T N D Y
L A E F I A I O Q J H E S E H S L R I H A P T
H R F S U U K N L W A R H I I G H V C Q P I J
C T Y P A C K R O D Z F E F S O E V K J Y E S
B E V Y Q C B W Z P O I L G S N P E W R C R I
G R Q P X Q M S B B T G F K J L E S C U D H M
S S U E K S D G G Q A H V W G M H Q O R D O H
C A R I B B E A N A S T C M Y H C D K Z V L G
E E V G V U Z L Z Z C I A Z P B I T G F L E N
D A E R H T B G B K T N Q H G C N O S G L S K
V D R Y Q B Z Q V O G G E I Y R C W W N W E N
```

ANGLING	THRUST	CARNIVORE
LAKE	PARTRIDGE	HYBRIDROD
ACTIVE	PIERHOLES	PIER
SCUD	PACKROD	FIGHTING
ANCHORED	CHARTERS	IMITATION
SHELF	RED	THREAD
SKILL	DRY	NICHE
CARIBBEAN	ENTICE	SIGNAL

Puzzle # 56

```
I E X D K S M S Y N C H R O N I Z A T I O N E
N S I K G E V P T A O L F T S A C P U L S H O
Q M Y V C X T M C H S T E R R E S T R I A L S
N N S L K O O S N R G E T D F X N Q N M E I V
I X T A B B D C O N C I N L B V P P X U J J V
A J Y K I Q B D I T S H F I U T C L R J W X B
L T C I C S H X I S I C Z A L I Z O T C Y V T
P W C E S O U S D V G T M S R R P E B I S B Q
D E F O L T T H L W N A P D U E E G M M T R P
O K Q D S U J Z T A P P V I S G S I N U R S I
O P E H O B Q T H N R K H P I W D P K I A G
L R K C G E Z I R P E O M A K P M D T E P L N
F D S E M M U Y Q K V K C R G F N Q S L E A F
H H B U P Y Z J K Z F D F G F W C O A M D G O
U X M K F S H C N A R B I D U N T T P P A L F
Y C N E U Q E R F T W R K F V R H K Y E E A D
T I A B R E T T A H C C V T N E F O F H S I F
J D Z D Y T I S R E V I D D R K K V R O W I K
```

FISH	TERRESTRIALS	FREQUENCY
SCOUT	STRIPED	SYNCHRONIZATION
ENTHUSIASM	NUDIBRANCHS	PRIZE
PIERLINES	CHATTERBAIT	LATHER
RAPIDS	RODHOLDER	FIGHT
CORALS	BULRUSH	ALGAL
CASTFLOAT	BOXES	PATCH
EUROPE	FLOODPLAIN	DIVERSITY

Puzzle # 57

```
I F G I S N L V A J F S R P I K R R R U R R R
O B K W Q P O P P E R N B T F S N E E Z V A A
V C E V U U X I C O K I B J O L V E P B L J V
T E G N I D A W T L T P P C I T O H P P B E Z
P X H H A S D M Q I A E Y V F J R U E W I U M
M G I Z Z A R D P W T M W D H P E E N M O R R
M E X P E R I E N C E E M Q J X T H T D F F T
W E N I R T S U C A L A P I Y U E A O U E C N
U B T S K C O T S D N J M M N Z M N P W E R E
I E F O R T U N A T E W T B O G O D A A Y S T
H C D V L F M D S E P Z R N D C M L X T E S T
Y I V U B B N M Q D C A M B M O R E P T L J I
M T V I R Q S I W I N Y A Z Y X E J Y I L V M
R A E K I C R Z F C V N R T J S H K Q R A E R
O M G N G R A P H I T E N S V G T B F E W M E
X A T D M M S I T D Q A K I E H H U W D V D T
B R Z E X I N W K R H W G A K C E W E X V S N
I D V Y F G C A H S A H Z S W S L Y E N T W I
```

FLOUNDER	RUBBER	INTERMITTENT
HANDLE	SWEEP	POPPER
EXPERIENCE	LACUSTRINE	SHANTY
DRAMATIC	BRANCHING	STOCKS
THERMOMETER	WALLEYE	ATTIRE
PHOTIC	COMPETITION	SNIPE
GIZZARD	GRAPHITE	CLAMMING
WADING	FORTUNATE	RIPPER

Puzzle # 58

```
V P B A X X Q Z F D Z H L C X A K N I C T B X
A W S D S D E J I E Z Y E A I L B A C T B G U
B H O L A C R A W S W D V W Y H X D Q R R B T
R Z T U F T O Y I I T R O I E A A E H A O Y C
S R T V L Z V I G R N I N B K M Q G C P W W X
P V O H O V I I N E A L O B R O Y G T P N O T
E C R F T J T I L H T L I D U A B U I I B T E
Y E G F S Z I W Z R C A T Z T H B R H N C V R
C W N X A Q R N L R E T A W D L O C A G I H E
A Y M I M Z T N X T P U T Y X C S U T T M W P
S W T N L Q E I R L B J L M Y E H S C Z I L P
T S Y E V G D S A W B P I C D G H U F C A U O
Z F K O P G N N A D D D S I C W D D C J F O H
Z A A G F T K I L M R F U O E O Y E A P U H S
L R H I C T O A W O P G R M R T S L D T I I S
O B T I O Q M P P S B N A P B M Q S N O V H A
N Z L N T L W S N Z E U E F B U R R O W E R R
Z N H N C A D E Q R D R E R Z H H O O K E D G
```

HITCH	RUGGED	DETRITIVORE
SLED	HOOKED	REPRODUCTIVE
CORNER	BURROWER	GROTTOS
SWINGLINE	SPEYCAST	BROWN
HYDRILLA	COLDWATER	DROPS
GRASSHOPPER	LAKE	FLOTSAM
GUIDES	DESIRE	SILTATION
TURKEY	PLANKTON	TRAPPING

Puzzle # 59

```
R Q G H Q Y N A R L F D H O W E S N T N L N C
T N Z T L N I Y S C C W A D B U L P G I W S Y
W V H Y A S O I X P L O N D N U P I X T H E K
E D D C Z O J I D E M B B B O D G K R S T P F X
R I T R F B B T Y A B H C I R R S M J S M X V
A U N Z A E M S O W U F L O A T S X M Z I U O
L Q E S C G G T S M J S D A M U H E J A O M G
U S T U P I O L A A L T A D A W S W Q R U A E
C I T S I C H N G E B E R T F T I L E G G E W
I S I T C H E E F U H R T T S Q F R E S C X H
T I M A K T T R S L A R S K V A A T I C T T C
R S R I E H B O D L Y O S C T S C A L L O P H
A O E N R Y P V L L A T E O S I Z E P M A W S
P I T A H O P I J T O D C B T K Z Q R X H A O
O B N B E L U N X I R C R X R D K U S O V R X
Y M I L C O S R C I Z Y E T O K K B B X F S Y
C Y D E E G U A L N F A T D N U N S X K W W V
Q S X L D Y M C X X V C S Y G B U D T T W L Y
```

PICKER	PARTICULAR	SYMBIOSIS
COLD	SECRETS	CAY
SQUID	DRAGONFLY	SUSTAINABLE
MISSILE	SWAMP	SCALLOP
ICHTHYOLOGY	FORECAST	DARTS
TORRETS	COBIA	CARNIVORE
FLOATS	STRONG	INTERMITTENT
BASSBOAT	HUMANE	NORTHWEST

Puzzle # 60

```
Z A H P Y K D S U H F K L O X N P K E L O L F
F J V J T B A B Y S S A L X O B Y L F S J B R
G Y C I P Y T O N E H P L V P F D S N I T L R
Q S L N M X P D I S Z J R N Y V B O G C A O K
R L F N D A M D B Y K S Q O C R D U L O N Y W
I L O O P E L F F I R X V L D F O T Z P H O X
A O B Z P M Y T U G L E V E B H K T E I H A J
V R T O P B W S I G T T E I D G O T A B N I I
U D O F A F M R O T V Y F S B J N L R D L C N
E E J N K T E E I Q U H N Z I U T E D L E D X
K E H E N T L Y A Q V D I J O R A O A E Y R Q
M C N E O U M A R K S H E M I M N S W S R X P
F C F T T R N L M P O M A T I Q L T Q A H J U
G V U U R N F S E P F E V I S S E R G G A J F
L D P B S Y K Z R V S Z I T U C H O Q A A L D
M D A E R H T E N J O Y C H I R O N O M I D Y
O G A X D S W N N H F J A Q S P T G G B Q N V
Y C A S G P S D U G S M O I A U H H U I L A N
```

RODHOLDER	STRONG	RIFFLEPOOL
DOLPHIN	CHIRONOMID	ALTITUDE
LAYERS	DIET	KNOT
FLYBOX	BEVEL	MARKS
THREAD	ENTRY	RISE
SEAMOUNT	STOW	ENJOY
BOATLAMP	ABYSSAL	PREDATORY
BREAM	AGGRESSIVE	PHENOTYPIC

Puzzle # 61

```
L L B Q X K H E B V K T I Y X K L H T V K N Z
Q N E B J D L O H H S I F O Y Z U V E D F J X
P O Q V P S W E H W P E W C T V A C S E X W V
N N B N E N H U M O P N O W S E I F O T H A F
J K I I U B I W P I O N B Y A L U T L H L F J
M B D Z I H S S I K R B S U C E C Z C G E K N
K X W L W S K M P T P P E C T C Y Y Y I Z N O
S A C A K I E D E Z E E R F I T N A L E J H C
I R M N A F R A H N M R V S A R X K F W D A O
X X O O T U T L A A A J A U B O R T V V I U Z
P A B I F H C P E K R L T B P N I M B K B N D
E R U T A N A J M A K V I S D I V I D E R S D
O Q J I Q V R B I H E I O U S C E S E L E Y T
S H J D C U B G I G R S N R E S R E H O F H K
Q Z W A X I O V N Q S L Y F Q K B L K C G H W
R H K R N G N I L W A R T A H S E A T A E T S
U M K T J A L L I R D Y H C J E D T J T L L H
M V V P H O T O S Y N T H E S I S J L E C G J
```

BAITCAST	PRIME	RIVERBED
NATURE	FLYCLOSET	ELECTRONICS
LOCATE	FISHHOLD	DIVIDERS
ANTIFREEZE	BEVEL	WHISKER
MARKER	TRAWLING	WEIGHTED
CARBON	JIGS	TRADITIONAL
FISH	SUBSURFACE	HYDRILLA
TALES	OBSERVATION	PHOTOSYNTHESIS

Puzzle # 62

```
S R J Z A V N A E U T C Y G L O C A L F I S H
R E Q A A T F B P O P R O S P O R T M A Z V Z
L K W L A R C S H F L J E N I R A M B U S L B
I A U M P I W D E J K Q I M B U R F I K W S F
U G N Q K B D R M D E P T H G A U G E A S C L
R P U D Q U X O E M W G C H F O T Q F P F A C
K R I N M T Y C R L Q F F R R I S G I P F V L
X Q L O D A F E A A U P Z K A E A N B N O E X
C W C E F R R R L R Z P E G T V C C L U L N J
C E A G Y Y P K G O H B Q K P A N B O D N G Z
L R M R Y T I V I T I S N E S M R A O K G E I
U A O U C R Q I V T O V C T N G A R D Z A R F
E C U S E V I J T I L N B V O T E R W X M S X
N H F E N T S Z D L S S V N O M L A O I S V A
N C L D M Z H A L B F I T U P E G C R A Y J L
O T A X P S U A C U J G O W S I K U M R I A Q
X A G W I L L O W S K A Y N O U T D O O R I U
P C E M M H U Y T N E M T E V E R A O T D T L
```

REEL	PROSPORT	CAMOUFLAGE
BARRACUDA	VISION	SUBLITTORAL
CATCHCARE	EPHEMERAL	SURGEON
SPOON	REVETMENT	SUBMARINE
SENSITIVITY	LEARNCAST	TRIBUTARY
DEPTHGAUGE	LOCALFISH	LANDMARK
SPINCAST	OUTDOOR	BLOODWORM
RECORDS	WILLOW	SCAVENGERS

Puzzle # 63

```
B X L C D F M A D S L R B O K T N I Q F Y L D
U H D F N G D V N S P S Y Y P K P O L U E N X
T E P M I L F S B D E U T S U B S U R F A C E
K S S J F B P L N V N E V Z Y D C D Z X S F X
I F U S C I C N O Z F Z D T A T Y N L K O Y T
D I O U N U I R X A M H C X U N T B F U Z R H
M M I P X F G M S L H I T A A X T V L B I G S
I A R T J N C C I X D B T U K L Z A J Z Q C X
P C U I A Z O F D E N I I T O D H R R Q J Q Z
D R C M N B O Y R S O Q A M U M A O V C Q E D
K O E O R I Y P M N Y U C O Z R E B I R T X K
F P M D B R L S C O A S T A L H B G C G X I Y
H H L H A V O Y A G E A I Q W U D U R X Z K C
C Y Y P P T T P A G E K O V L D M S L A G V G
R T G O W K I X W B D T N E M Y O J N E L Q S
A E N F Y E R O F Y Y T I C O L E V K R N N L
Q S W Y H I L Q N D L F E L T J I X S Z C C I
V Y W F Y L R T F O R E C A S T Y O I O I U E
```

SAFETY	ENJOYMENT	MANGROVES
ACTION	SUBSURFACE	GAP
PREDICT	BIOFILM	LARGEMOUTH
VELOCITY	ANTARCTIC	CURIOUS
MACROPHYTES	VOYAGE	SPIN
LIMPET	BIG	FINN
FORECAST	ARCH	FLUCTUATION
COASTAL	PREDATION	TURBULENCE

Puzzle # 64

```
Q R G Y S W O L F T S A F C P L K A S F M J T
F V N I E I G F K O E Q R Z S S R J W N U X E
X X I P A D N Z S Q C Y Q P K B U Z Z B A I T
R Y Z R M V I T J A W E I Y C G N V K P J R X
Z D I E O D T Y V S G N T G H T O Q N V I P E
T Q L H U F T E C S C J P O A A F X G V Y P S
V E I T N P E Y M A O N S L L A F P A V T Y R
S W T A T Q N B S K Z E W O L L U D O B T P E
S G R E B A I T I N G D I Y E U W C X A I I T
A C E W L F O O E S B I N H N G U O N H E Q A
K J F D E R T B R S J L G T G W V C S V M V E
S Q O L V E F T S I T G E H E M H R C N S A H
W G H O E S M I J S T R G C Z O E X Q J N Y F
O B M C I H G B M N A H T I R D Y P N C H L X
A J R N R E X Q X K L B X A A N L B I V E O T
S X V U T T T S R F B A G E F P N E J H W V C
W Q W H E K T T B E Q E L P T Q N K S S S Z F
S R M D R A I T A O R C I S L T M W L I X C A
```

SPINCAST	BASSBOAT	FRESHET
BUZZBAIT	SWING	FERTILIZING
CHALLENGE	SHELF	BAITING
GLIDE	LEADERSHIP	COLDWEATHER
ICHTHYOLOGY	RETRIEVE	ANCHORAGE
RUNOFF	ANCIENT	HEATERS
NETTING	CROATIA	SEAMOUNT
SNARE	FASTFLOW	CAVE

Puzzle # 65

```
R J F F R L H E T E B T P C C M K P N W N E D
E D P S I E V H W Y W I T G N S P B G F M L S
A O X N P I C S O F L A D U A C P Q Y B H I R
Y L J Y T A V O T N Y W N O J I T E A I O S E
N K D I Y E K A W Z L F R N W E C O Y X X S W
P K S I I X O T N N R R Q M G Z O F W L S I O
F O R C F N W W S X A L U S N I N E P O I M L
P K S E A R W K J U E Z R L I T I L R L Z N B
U X R S K J A Z R L Y R D Y K L L G W J A S E
S M T N W T O N Q I V N I C N L N A B A E U R
I Q F D E N E L B S I S K J I N H F L A R A W
Y T E L N I O X R E A C H D S F K F M A J T S
O W Q P A D Ñ C E T C O T U O Z O S C U V H E
X Y M Z B Q I K R C L W G N I G G O R F P O D
W G F T Z I N U L E S F W P G P K O Q M M W J
V A I K F D L L S B W P Y H P L Z H Y F Z M P
U A D G H J E E N I L A S C I Y H N S X O M Z
Y V T E B F S A C I X M F N D P A C I F I C U
```

FROGGING	SEAM	ELNIÑO
SINKING	WADE	TRAWL
WHIP	SKATE	INLET
GAFFS	PACIFIC	POSITIVE
CAUDAL	YACHT	SPEYLINE
PENINSULA	REACH	BLOWERS
YEARLY	MISSILE	SALINE
NYMPHS	HOLES	RFID

Puzzle # 66

A N G L E R T A C T I C S H P Y K L B B R W C
O Y Z H R G V T E H C G Y S R Q G G Z G L M M
C C T B I W Z E G R T I M A V A R I E T Y D K
Y N G Y S Q M I G L T L U W B U G G E R H O T
E E D O E M L D J A S L K I E E Q O H F U I M
D I I B D L D A P R D N R S A L K R P A T T V
R C F X S I O E C A V E S B Y H K N B I R B B
Z I U J B E R I Z D D T S R D O C C B L N D B
L F U K Y R J Y J I R S L I T O V U A A V Y Y
P F E N X R J N H E T Q R N R U F Y C H I G N
M E U A L P N C A D K P V E A T S O K H I S I
Q M W H N W S M X I N E B R Z G Z E G B B J K
H W F S R I P O B E Y R Y A R G N I T S P U T
J K R A M D N A L T L A D N U F O R P I J G T
S U R Y Y S R A Y I I Y V T T O H J G Z H A T
G H M E C D U V S H M T N H S R O O D T U O K
P D C Q S H Y W P F A Y V G L Z B J Y T Y N J
M T P O F C P Q C G F M E S L I P B O B B E R

SLIPBOBBER	RIP	PROFUNDAL
BRINE	FUR	FAMILY
LANDMARK	GILLS	OUTDOORS
BUGGER	VARIETY	DESIRE
ANGLERTACTICS	EFFICIENCY	HACKLE
GILLNETS	HARDY	DIET
STREAM	SHANK	SIWASH
STINGRAY	TAPER	CAVE

```
S F D J P S V J S G G H W J V R Y V T I W G Q
J A E C V H Z D S J C S U X A J A D D N A S D
R H A L T L I N E G N I H C N U P F N I S W G
M A S T O L F Y S H M S I N A H C E M M E H M
P U J K Q Z T C S D N R O O D T U O X T Q B T
X L S F S I P C U S T O M I Z A T I O N K V R
L F P I D G W F F F U G E D R Y K T D B Y C Z
L T N E M E G A N A M Y S F F F O U V T Y P X
E R Y M R Y K M K T M T H H S R Z K W P G N I
B I R A Q D C I T O H P A I R V F T Y I N G N
Z P J R D R L L A G L G F E I A E E Z Z Z T H
L C V I S O T Y I Z V I T P O I P L X Y G W C
L U L N K P A E Q A G S V L T I B W L H N I I
J R F E M S W D M O E E G A R O T S B N C X R
A R J H C K E E L S D B N T O O S R L L O W H
F E U L E P A G E D I W S G V D O O O B J Z Y
W N G Z T E C H N I Q U E S C D O V V C M Z S
J T T Y T Q S T B O A T Y H F J E J P J Q W W
```

CLOVE	DROPS	FLOTSAM
BOAT	CUSTOMIZATION	STORAGE
KEELS	TORRETS	MANAGEMENT
STRIPE	WIDEGAP	SAND
APHOTIC	TECHNIQUES	PUNCHING
HALTLINE	TIDE	MECHANISM
MARINE	TYING	RIPCURRENT
OUTDOOR	WEIGHTS	FAMILY

Puzzle # 68

```
V T A U C O S I S O W I Z A F T V T U N W K X
W H L R S T N S X K T O M S Z A L E W I F E H
T C T Y U Y H L F T G L N Y D L Y F G A Q O W
R R O D R Z L I X N W T I S K U F R K I V V T
O A H B G Y Z P L E A R N C A S T I X U N I S
F N Q Z E Z S B V M N K G T W I N N E J S N A
F K K W O E P O W Y K B N A P I P G Q F B Q C
E S R B N B U B J A M X I E X V Z I B I B U Y
Q M P N O D S B E B Q Y G P Y C A N E J K F E
W F R G M R R E M M D O G I A M R G H R U W P
I S Y A V E R R D E B R I N M Y X K W U A N S
N U P R A Y U S J B J I G M G N I B B O B N Y
G Y M M B L K E D I V I N G M I N N O W J B S
U L P W A O S H C S C O O T E R C A S T A V N
D F T T O T R S L E E W A R D O N Z X S Q V C
Y Y R I P C U R R E N T Q O N F F U I F M A N
N A Q H Y N Z A W O L F T S A F C C O D G F I
Q M T T G S Z M B O U N R Q F L S A M X A I R
```

GIGGING	LEEWARD	MARSHES
SURGEON	SCOOTERCAST	SPEYCAST
BOBBING	FRINGING	SNARE
MAYFLY	DIVINGMINNOW	BREAM
ALEWIFE	SLIPBOBBER	EFFORT
EMBAYMENT	CAN	CRANKS
LEARNCAST	SNOW	RIPCURRENT
BASICS	FASTFLOW	MAP

Puzzle # 69

```
T F B D K P A A V B S V S I X U L Y C F K M T
Z Y Q S B Y F L Y C A S T I N G P R C Y O O E
L S P W C N O I T A T N E S E R P Z B S S F L
V G W Y H A L E W I F E W S N G B Y Y C F H G
G T N M U S K E L L U N G E T L B F U O X Y N
B A G I J Q I X E T M B V C Z U G I R T A E A
B G S V S N S F O T D V H I Z Q A T K B F A Z
M G I Z Z A R D T I L A P I A E J R E Z T C B
E I F V Y W E Y M O L W D C B L M J I S Q N C
W N S L N P O L E A R O S N A P K E L E A U G
I G A H R A C Y E T M R N I X E Y I R V S O U
H Z N D O Q T S R R W M A U O Y A B W G R O U
T U D E Q P F T W A D U I P Z W J S I D I O Q
Y Q E D B Q R S N Y J S F B B Y T O C A I N T
P U E X G V L I A R T K V R I P R A P P T K G
Z I L G L O R Y T I T I E D A P D Q T N Z X R
D O P I H P M A U N U E C G B D U P H V V B E
T X F V S E L B B E P B Y D S I D E A R M Z A
```

GIZZARD	ANGLE	PARROTFISH
BAYOU	POLEAROSNAP	SAND-EEL
TIED	ESTUARIES	GLORY
RELEASING	TILAPIA	FLYCASTING
RIPRAP	TRAIL	EMERGING
AMPHIPOD	EFFORT	ALEWIFE
SIDEARM	PRESENTATION	PEBBLES
MUSKIE	MUSKELLUNGE	TAGGING

Puzzle # 70

```
M S B I P Y I N J V T S X Z K M T O O R Q P J
A Y N Z L K T O A R N T X Y O V M I J E E S N
V H U L Z D E N J K E R I K L G M H N B T P Z
N F C X F F H A R U L I V L X N J E X M H D J
K W D T C A C I C G I P M O O O V G S O E B S
I C L L R K U Q S A S E B P G I M I T C R U H
E C U I E Q I P M R R D Y E A T B N O H M U O
A L P T H B W D Q E E P T R M A T T R C O B R
H S I F G I B N Q G Q P D C X C R E A A C K E
A G H X K I F E H B V D O U Q O H R G E L T L
M M B G P A A L T O V F M L H L U T E B I T I
B L U E F I N B T N A N V U S O D I E H N S N
V O A U M D B E Y S U W O M O H I D P P E W E
M P E E K N G X T Q V O D F U C A A C R P R S
M Y R L U D S F L R P D M A O E R L C E A G D
S Y G E E J L Q T Q U E T A R G R U G G E D U
A L A L K O J E C P R D B T E T D M P H Z V L
U Y R I W E K G N I P P A R T S S L I V F A Q
```

CARP	DARTS	INTERTIDAL
GRAPHITE	SHORELINES	ECHOLOCATION
SILENT	OPERCULUM	BEACHCOMBER
FASTFLOW	STORAGE	JACKET
THERMOCLINE	BLUEFIN	LEDGE
PIRAHNA	RUGGED	STRIPED
BIGFISH	BLEND	SEAMOUNT
QUIRK	SLOPERS	TRAPPING

```
P Z Q R D D E S Z X Q L O X N B X B L Q Z S Y
W J D V Z Y W 1 0 1 G N I H S I F H K P Q M L
U L I M N O L O G Y M U M E U C M X H I F T H
X J K T T K Q X A U I Z H E U D Q W G K U B L
S O C P H W X G T R I P B D P D S J O E O C O
L N R G L A R V A V O T S M E N M F W B P H I
G B P K S V E V H E L N T Q A N L Z F E X P T
C G S U D L E N N A H C O I O O S F X Y W O Q
C K G Q L Y A R R U M Y L U T N T I R S X S D
I S F T C L X U M H W D N S A Q D M T W M Y G
Y R T C B G E S R E L W A R C C P S E Y R K Y
A E R O N O U D J V C M Z I E J I O F G T P H
R A X I N E U R N O I S I C E R P U P M G M E
M A F P F E U D R I F T N E T W Y C I P A M B
I D B K Y F W K O O H J B H O I W U N R E M K
N R M E N D L O N U G S W O D A H S K M T R C
O E I C U P P E R L H D K L D G I S W W T W Q
F E J J Z N V C S T D J D E W Y T I C O L E V
```

PIKE	VELOCITY	FLOTSAM
CHANNEL	DENSITY	J-HOOK
MARKS	OXBOW	PRECISION
CRAWLERS	POPPER	TRIP
RIFFLES	ICEHOLE	LARVA
STONEWORT	MURRAY	LIMNOLOGY
FISHING101	MEND	SNAIL
PULLED	SHADOWS	DRIFTNET

Puzzle # 72

```
V C T Z L A N R U T C O N U Z S H E M Z W N P
Q I C D J E E U R A K W O Y E V J P Z M Y L C
D P H P I J G N X E M S E F T H T T W M D Q X
T E J S D A M Z E B Q D I S E F Z N P T M J N
Z H X Q W N M O S S I N G L E S I H I Q K C M
L I G O C K Z R V Q E F X T V T S R N F R O H
K M J I D S H M E F P L L O T A U G D W K F B
G O V S E H W K L M J M O X U S S C R U F N Q
N V C D E W R D H P E N I N S U L A L I A R T
I E P H Q V T F K A J I V G N I C A L S S A M
H M Q U G E I H V V M J A O J N V O T G I C J
C E A S Z G C N G V D C N O M W A K R I E O S
T N K E X H W Q K I Y E X O T I C O B R E A M
I T S G S R R A P R L P L P C N Q I I S H M J
P S K A A T I Y B E W D O O F W D S O O Y W M
A B I W K U N B B R K O M M B Y E K J N K C J
V M S K O O R B E Z Z W O N R D B K E A I V C
L N G C E C H I N O D E R M S V U G L R R I W
```

BROOKS	SONAR	PARRS
DRIFT	NYMPHS	SINGLE
BREAM	KNIVES	TRAIL
AIM	ECHINODERMS	ATOLL
LIGHTWEIGHT	PITCHING	EXOTIC
PENINSULA	MERMAID	SEAM
NOCTURNAL	DESIRE	FOODWEB
EPIC	LACING	MOVEMENT

Puzzle # 73

```
O G H Z M T E A G G R E G A T I O N W M R V B
W N F A J Z H G G Q K P L E H O I D G J M R D
I H G S P F O L I O S E L A C I T N E D I R Z
L I K P L J P P T H R O W U W M I K B P X W R
O I M R E S O P M O C E D P N H J I J K T F Y
U R J P G U S G I J I Z A A C U S Y O G X B P
N K L P O D G E K Y Y C F T B P C R U S T J R
Z E C H U V Z O N E S U I K P W Q O N U Q Z C
K R A Y S S D H U G U P M F E N D L W W J X U
Y F I S H T I O S E C O F R I E N D L Y B V G
U T V I P R V X P P A T K T Y W R R Y G J P F
U R Z O J O I Y E X D F Z E V I T C E T O R P
W P H L M P D J Y L D A E K I R T S L P B Z M
Z W H O X E E J L B I D Y L L I K S N A F W N
R W S G B R R U I K S V X R E P U O R G D I V
V P Q Y B A S L N X F J M T R E S E D V F I C
W H W Q I M T P E I L T H G I E E R U G I F T
V Y R T Z X L T H R Y Q T E E Q J G G X X D T
```

STRIKE	DESERT	ZONES
GROUPER	SPEYLINE	AGGREGATION
FIN	RAYS	FIGUREEIGHT
IDENTICAL	FOLIOSE	ECOFRIENDLY
DECOMPOSER	DIVIDERS	THROW
TIDALCREEK	PITCHING	CADDISFLY
SKILL	JIGS	CRUST
REPORTS	PROTECTIVE	PHYSIOLOGY

Puzzle # 74

```
L S C Z K Z B C T H R G O Z W Y W B C A E B V
E J S D F H B A F V S E N S I T I V E R E C M
H Z R A M L R O I J Z F T S A C L L O R N P E
T S K K E U X N Z T I K N A B R E V I R R Q N
T G I H U V S R C N H V O K X K Y F A Y Q O N
H N M F F E W D N B L O W E R S Z N L T W R A
Y A U F C K R W L X T F L R V X H U S I D Y R
D E G T J I G G I N G R O D J M E T H L A D A
R E S I P L G E E E H X C I E I Y R I I B Z Y
O B U P U E R A L N N N H H L R X I V B E R F
D Q E F C X I P M U Y S C K M W W E E A R L I
Y R T G S D O O A A D L Q W I X X N R N D F S
N L I E Z T V U R V R E T R E A T T Z I E X H
A W F T K U R N S N Z A H F Z E P S G A E O N
M S E Y Y I E D H L G R V C J H Q O P T N U S
I Z N T A T S Z E Z G N L P S A D A Z S S S Y
C A M A H M E C S I K B K V O M A Q P U G E V
S Z U A G M R G E P A D X E U I L N C S K H D
```

RAYFISH	SHIVER	RIPPER
ROLLCAST	BLOWERS	POUND
SNAG	MAGICFISH	SCHEDULE
SENSITIVE	ABERDEEN	RETREAT
MARSHES	RIVERBANK	FINN
BAITHOLDER	RESERVOIR	HYDRODYNAMICS
LEARN	MAYFLY	JIGGINGROD
SUSTAINABILITY	INSECTS	NUTRIENTS

Puzzle # 75

```
H M M I X I Y E G A N I A R D K N Y F U Z H T
Y E R Z X T H G I E W T H G I L R C S M T S H
R C I E M X P M D T Y X F I D O B X L I N I A
M C P D I U C U I N R Y K W L D A L P A J F E
Y N C V P K H W Z E E T L G G O R I P R M T S
Q B U S E T I K V M B M L Q I L N M P H V S K
O N R T J S I N H A M U H H Y G A Q D K W I R
O N R M T G T Y V N O H Z E T P C C I A D R A
L H E M Z B O L F R C F U H I X L J T X G U D
V N N T F I R F L U H Y O I Y B E V C I T O X
B T T E T M R T O O C S Y T H U S U I Q K T V
Z I R L J J I K E A T A J B C L E S S O N S J S
I G Q N P A J W T Z E H I H J G N I L A O H S
Z S B Z I A L G A E B O V B B Q R O C K S F K
M D L N R W N T N Z S O S D R Y J V S A V M A
E O H M L I Y I T V P K C O R A L S E H Q U D
Z P G G V K C T S K E G E R A J F H V F O P A
V E Q A E Y F Y U L C N W V J G L T A C Y K D
```

LESSONS	BEACHCOMBER	RIPCURRENT
ROCKS	WETFLY	J-HOOK
RIFT	DRAINAGE	TOURISTFISH
AIM	BARNACLES	GLORY
ALGAE	HITCH	SPEC
CORALS	TOURNAMENT	FLOATANTS
KITES	RIP	CLAM
DARKSEA	LIGHTWEIGHT	SHOALING

Puzzle # 76

```
A  L  I  H  C  A  E  B  T  H  O  C  N  J  C  C  F  C  D  L  Q  G  Q
M  E  X  V  P  V  R  V  F  A  C  Z  W  B  E  L  R  Q  S  D  E  H  G
W  A  J  S  H  R  I  M  P  C  L  O  S  L  J  L  R  S  F  V  M  R  V
N  D  J  P  A  P  E  N  F  R  Y  P  D  C  O  C  R  H  X  Q  E  O  M
S  T  U  O  R  T  S  L  H  S  R  E  D  A  E  L  I  Z  T  C  R  D  P
U  K  E  M  F  E  S  N  V  I  E  A  O  V  W  B  Q  B  O  E  G  Y  U
Q  I  U  V  Z  T  A  E  N  L  E  U  D  F  T  E  N  R  M  N  I  P  L
M  F  E  J  T  L  R  G  T  Z  P  T  Y  Q  S  R  D  C  T  X  N  L  L
H  I  R  Q  Z  H  W  J  I  U  Q  Z  H  A  L  T  G  I  J  B  G  H  B
Q  S  N  A  P  P  E  R  I  N  A  F  J  S  L  H  W  U  F  F  O  F  C
B  D  L  J  A  F  P  U  L  G  F  U  W  Q  I  B  R  E  A  K  E  R  E
K  O  S  E  H  S  U  R  J  S  G  A  S  H  R  F  H  C  R  W  K  L  O
M  D  N  U  T  R  I  E  N  T  S  I  M  C  T  F  T  T  N  O  R  K  V
N  P  A  I  S  Y  A  L  A  M  L  S  N  E  P  F  A  H  I  T  U  B  E
K  M  E  V  X  K  U  A  T  M  Q  T  F  G  Z  B  I  U  G  W  Y  R  A
V  D  O  R  G  N  I  N  N  I  P  S  B  Q  R  X  U  B  V  I  K  N  H
F  L  G  B  Q  I  D  O  R  E  N  I  L  N  I  O  G  W  V  Y  N  N  U
E  T  B  H  Q  K  K  K  S  G  I  H  P  L  O  Y  D  D  I  Z  Q  F  E
```

JIG	BEACH	BREAKER
RECORD	LEAD	INLINEROD
COD	TROUTS	SHRIMP
PULL	JIGGINGROD	MALAYSIA
RUSHES	SNAPPER	SPRING
SPINNINGROD	NIGHTFISH	LEADERS
TUBE	BERTH	WRASSE
PRIZE	EMERGING	NUTRIENTS

Puzzle # 77

```
L I Z X K Z N S E C I T C A R P A D D S S N A
W M A N U A L W V R E D A E L N L K C U Z D P
Y C Y M F T H S M Z X P A H O S H I T Z S K W
S D D P U P P S C P X O Q C R P T B N F B K K
F I G G H Q T Q L W O C F R C S L O R H S X Y
U A E V I T C U D O R P E R I M D X P I D B E
C M P K G M L U M G J T E R M P K N W E N D T
D R Z K E N I R A U T S E G D C U S S T I E X
N E Q E G B E B J J Y T T K T R O O L F L P Z
I M R J Y R M H Q Z C T D E T I A B T W B X E
S I H D R R T C T A I W D Z K O F I L L T M U
F I J J E K Y T R E A S U R E C U L I T E D F
D K D N O I T A I C O S S A X S U T M T K G W
L N S B G L H G R R W Q M O R J D B N G C W L
D F E O O C I O V I K W K U O N R Q E L U C L
K T S L T T L A O Y Q S P N T M W J T A B Z U
O A G G R E G A T I O N Z S W A M P I S E E G
S B D H F V S E Z F F J E Q K M C S C Q Q Y V
```

LEADER	BUCKET	SWAMP
MERMAID	BUCKETBLINDS	REPRODUCTIVE
LEND	ESTUARINE	GULL
PRACTICES	AGGREGATION	BRINE
GYRE	MANUAL	MICRO
BAITED	DUSKY	FLOOR
TREASURE	TAIL	LIMNETIC
PURSUIT	ASSOCIATION	CHARACTERISTICS

Puzzle # 78

```
H O A N C H O R P O I N T Y Z B N G O D Q S Y
G A Q Q L F S G M S H N D S S P M N L H B O F
W T O J G U E P W P N K X Q U W R I P M Y K M
D A B V G I Y B S T E P P I T R J T Q O J A D
C I H T N E B W T R I B U T A R Y I B S L B Z
Y B W W S L A I R T S E R R E T S A A A L E S
U P C V Q U U D E T T S T N O N Z B M L F N S
E R F W A X M X U P E N Z I Q E G H E T A C L
F E D L X P N F G Y K D N N G M Z W M M V I S
M D E E P L Y D E R X Q Y A V E E E G A D W D
N A M N L N C W G C C G U Q J V V R C R U H C
O T S N M H L O R O V G W L I O O A P S F Q S
I O T J J D A W N A E R S L A M C L Ñ H F S F
S R R L V U M W F S P N N D N C S P J I V Y Q
L Y I Q A Z S Q X M E S I O I Z L O F D N H Z
E C K D A D W A R C H R B T B C Z C O I B A B
D C E S U C C E S S Q Q V S S E N T F E D U L
A H S Y A J C M P V T X N E V L R I A G C P I
```

BAITING	SUCCESS	LANIÑA
SLED	EYES	MOVEMENT
POLES	BENTHIC	DEEPLY
WRAPS	GAUGE	TRIBUTARY
BINS	CLAMS	STRIKES
PREDATORY	CONSERVE	TIPPETS
CRAWDAD	TERRESTRIALS	SALTMARSH
DEFTNESS	ANCHORPOINT	LIVEWELL

Puzzle # 79

```
P U V Q O Y T I S R E V I D F I L A M E N T L
Q P W J Y S F G L G H C X X Q S Y H F M G Z G
D Q T A V N N A M H E K N C J V Q W Z Y A K N
Y S U Q Z I L A Y M S J F Y P R M Q E F H H I
I Z E V M W O L I R E I B S B T F T R B S H Z
U S A I X G R T Q F D F F I D S C A L D I H I
B W A S L A E M I F O H W E O E C W N I F D L
X B I G Y F R N V E I X C E L T E W R S T O I
J M Q F I T K C T C D K P W I D O S S P H N T
N Z X L O Y B C S O H R S E D O D P W E G X R
D K M X T Z B M A A C I T Y X P C A E R I D E
B I R T N K O B N L Q G Y C E Q V X P S N H F
I T O M E Q X D Y A B S E E F W Y S R I W G G
Q U F P V X T N I A L P D O O L F M P O H S H
A R R P E R S E V E R A N C E O P T G N B I M
Q R E I Z L V Z B Y V L V S W E J S M B W F A
N V P D E I X G H S I F E V E I R T E R M P L
P P G B E X G E Z Q V B A L A N C E V Q E M P
```

RETRIEVEFISH	AIMING	EBBS
LIFETIME	DECKHAND	FERTILIZING
BALANCE	FLOODPLAIN	KNIFE
PERSEVERANCE	DISPERSION	VENT
BIOTOPE	DEEP	BLACKFLIES
FILAMENT	BIG	PERFORM
NIGHTFISH	EDDY	PADDLEFISH
ZAFRA	RIGS	DIVERSITY

Puzzle # 80

TREASURE	SHOP	RIG
KNIFE	WATCH	EXPANSE
SUBSURFACE	METRONOMES	EXCITEMENT
SCALE	RUNOFF	ENVIRONMENT
BLOOD	EQUIPMENT	MYTH
OBSIDIAN	ENTHUSIASM	BAITCASTING
FLEXIBILITY	TANTALIZE	BIOFILM
RIPRAP	MIMCBAIT	INCUBATION

Puzzle # 1

SUNFISH
OVERHEAD
BARBLESS
RAFT
SURFACE
ARCHIPELAGO
SAND
PEBBLE
QUIET
SPINNING
TAILWATER
PUPAE
CLOUSER
GROOVE
STRIPE
GAFFS
DRAGGING
SANK
ECOLOGY
SWAMP
SILTATION
NICKEL
UNDERTOW
AGGREGATION

Puzzle # 2

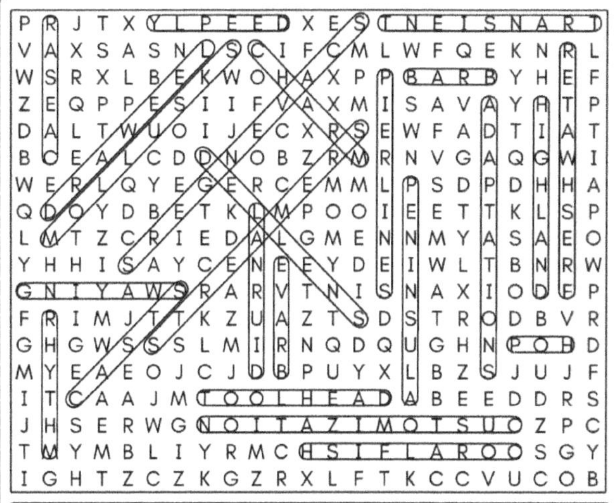
BARB
CORALFISH
BRAVE
SWAYING
PIERLINES
PENINSULA
SNELLED
DEEPLY
HIGHLAND
STREAMERS
MOLLUSKS
HOP
TOOLHEAD
CAESAR
CHARM
CUSTOMIZATION
TRANSIENT
ADAPTATIONS
FRESHWATER
LEEWARD
CASTS
RHYTHM
DIURNAL
SCAVENGERS

Puzzle # 3

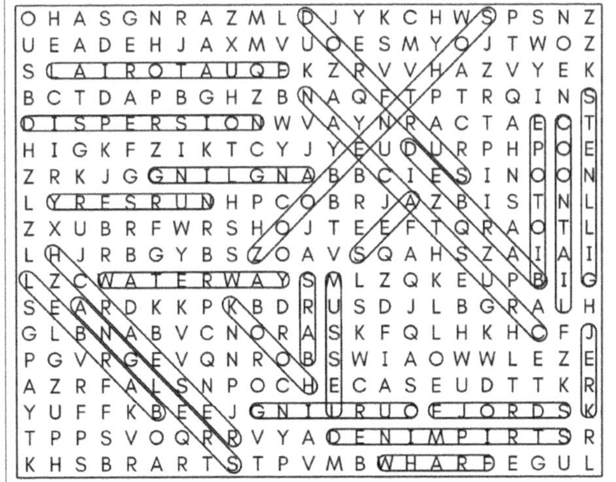
HOOK
FJORDS
CURLING
BIOTOPE
EQUATORIAL
SURFROD
ANGLING
WHARF
WATERWAY
CRUSTACEAN
COONTAIL
BARBED
SEA
BARBEL
STRIPMINED
MUSSEL
ZOOBENTHOS
GILLNETS
RESEARCH
ANGLERS
BARS
NURSERY
JERK
DISPERSION

Puzzle # 4

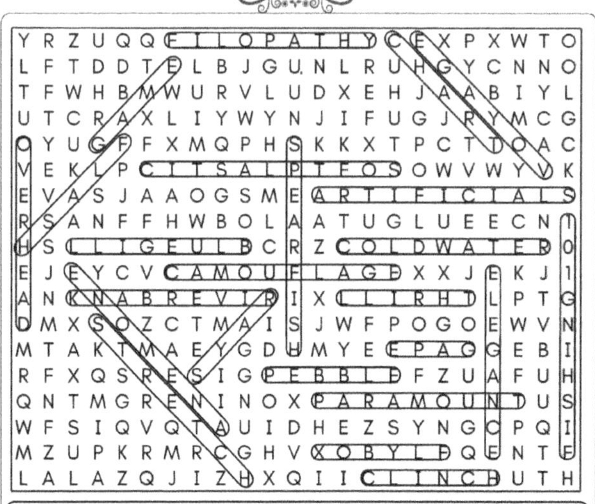
SPEARFISH
RIVERBANK
OVERHEAD
PEBBLE
GAPE
ANEMONE
BLUEGILL
VOYAGE
GAME
CHART
STRETCH
CAMOUFLAGE
FISHING101
COLDWATER
THRILL
FLYBOX
PARAMOUNT
FILOPATHY
CLINCH
ELEGANCE
FLASH
ARTIFICIALS
RAYS
SOFTPLASTIC

Puzzle # 5

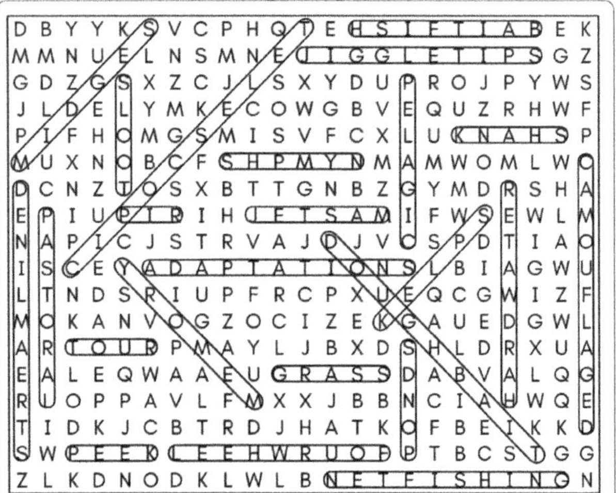

BAITFISH	TOUR	KELPS
PEEK	NYMPHS	ADAPTATIONS
RIP	JETSAM	HARDWATER
STREAMLINED	TELESCOPIC	PASTORAL
FOURWHEEL	PONDS	SHANK
DOUGHBAIT	GRASS	JIGGLETIPS
TOOLS	MIDGES	NETFISHING
PELAGIC	MEMORY	CAMOUFLAGED

Puzzle # 6

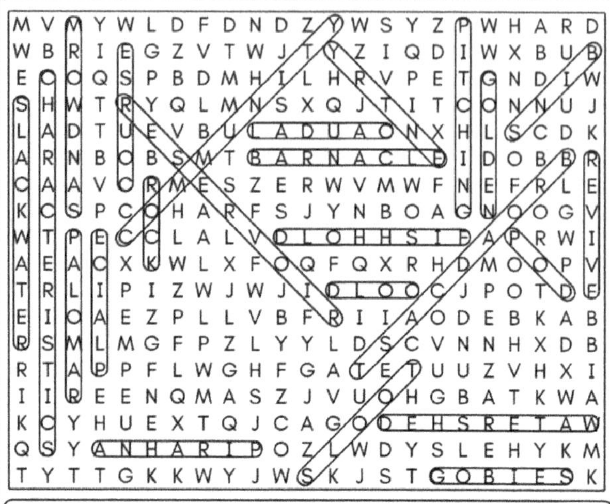

PLAICE	ROCK	CAUDAL
ENTRY	BROADCAST	PALOMAR
RESERVOIR	WATERSHED	PITCHING
SLACKWATER	PIRAHNA	GOLDEN
FISHHOLD	SANDWORM	COURSE
GOBIES	COLD	REVIVE
TOOLS	POD	BARNACLE
COMMUNITY	BINS	CHARACTERISTICS

Puzzle # 7

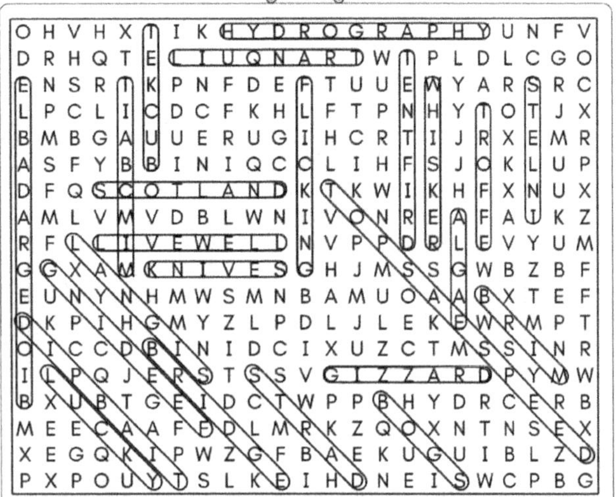

GIZZARD	SCOTLAND	LUCKY
DARTS	ALGAE	MIMCBAIT
INLETS	BUCKET	TRANQUIL
KNIVES	BOGS	DRIFTNET
DEEPSEASPOT	WHISKER	FLICKING
FEEDING	HYDROGRAPHY	SIGNAL
BRIM	EFFORT	BIODEGRADABLE
BRIDGE	DIPBAIT	LIVEWELL

Puzzle # 8

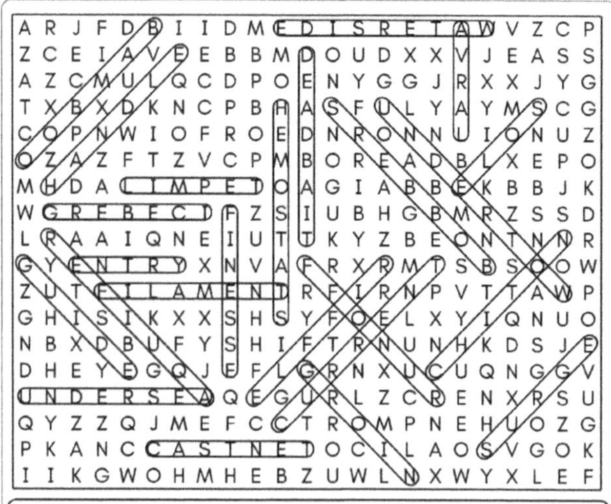

CASTNET	UNDERSEA	CHITON
WATERSIDE	HEMOSTATS	UNDERTOW
CURRENT	LIMPET	GUIDE
LARVA	BAMBOO	ENTRY
AQUIFER	DEADBAIT	SURGE
FILAMENT	HANDLE	SOLE
BOBBERS	ICEBERG	RUNOFF
FINESSE	RIFFLE	GROIN

Puzzle # 9

SARDINE	ICEBERG	MIGRATING
HARDWATER	TROPHIC	SWATH
DIRT	CRUSTACEAN	MAPS
DOUBLEHANDED	TRANSDUCER	BASIN
RAYS	YEARLY	CRAWLERS
TREBLE	CONQUEST	BACKWATER
SANDWORM	VENT	TREBLEHOOKS
NAMIBIA	CICHLID	GROTTO

Puzzle # 10

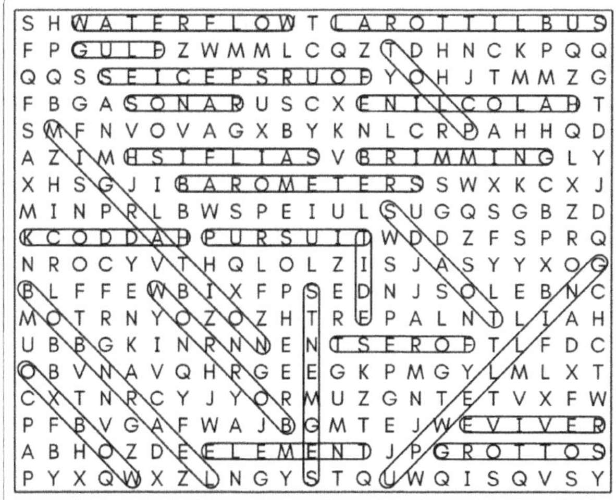

HADDOCK	GULF	OXBOW
PURSUIT	ELEMENT	SUBLITTORAL
PLOT	MIGRATION	GROTTOS
BRIMMING	FOURSPECIES	SONAR
REVIVE	WATERFLOW	FOREST
UPWELLING	SAILFISH	BAROMETERS
LEARNBOB	BORROW	TOADS
TIDE	SEGMENTS	HALOCLINE

Puzzle # 11

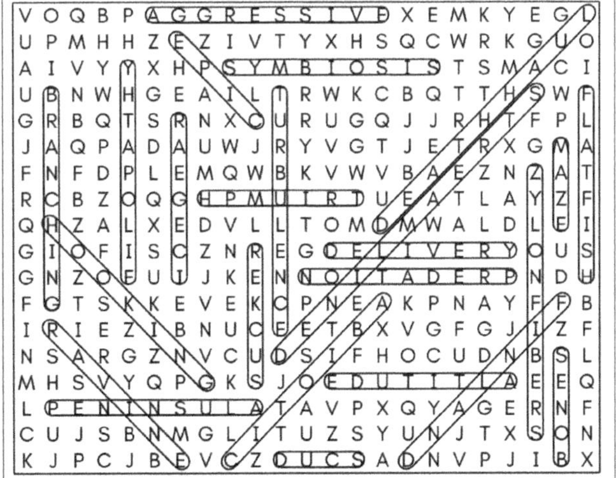

FLATFISH	AGGRESSIVE	PENINSULA
MAZE	DEATHHAUL	TURBULENCE
PREDATION	SUCKER	TRIUMPH
ICEGEAR	ALTITUDE	STREAMLINED
RAVINE	EPIC	ZYLONFIBERS
FILOPATHY	SCUD	SYMBIOSIS
FINLAND	DELIVERY	BRANCHING
BONES	ABIOTIC	HOOKING

Puzzle # 12

CHUMLINE	RIVER	MASSIVE
CRUISING	DREAM	TRAWL
REELS	UPSTREAM	DEADBAIT
TIP	SURFROD	GROTTOS
CHUCK	SNAPPER	ARCH
DIPBAIT	RIVERSIDE	ANTIFREEZE
LURE	LATHER	DETRITIVORE
ALBACORE	SHALLOW	ALTITUDE

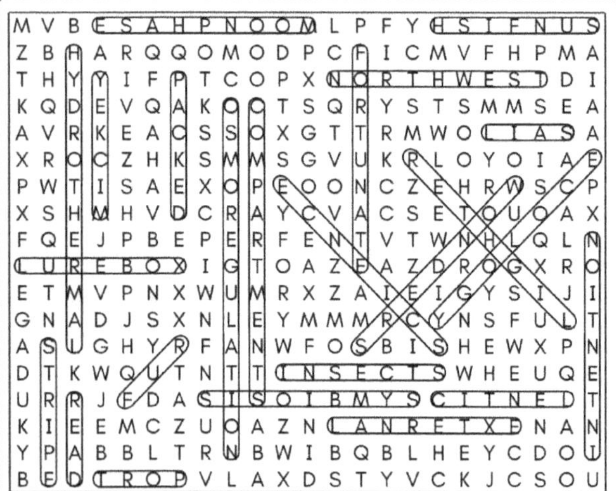

LUREBOX	READ	SUNFISH
COMPARTMENTS	MOONPHASE	INTENTION
WONDERS	ECOLOGY	PORT
LENTIC	SAIL	INSECTS
FORTUNATE	SYMBIOSIS	MICKEY
HYDROTHERMAL	FUR	OSMOREGULATION
PACKED	NORTHWEST	STRIPE
SCIENCE	LIGHTER	EXTERNAL

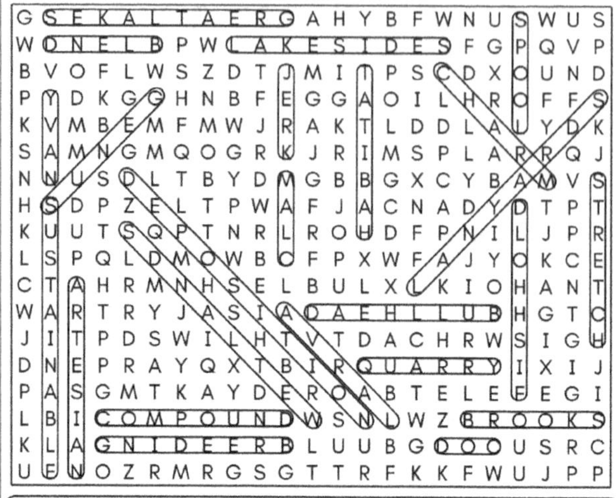

SPOOL	NAVY	CLAM
GREATLAKES	STRETCH	BREEDING
COD	BULLHEAD	LAKESIDES
BLEND	COMPOUND	QUARRY
DEPOSITION	BROOKS	LARVA
JERK	HABITAT	ARTESIAN
LANYARDS	CHARM	WETLANDS
SUSTAINABLE	FISHHOLD	GENUS

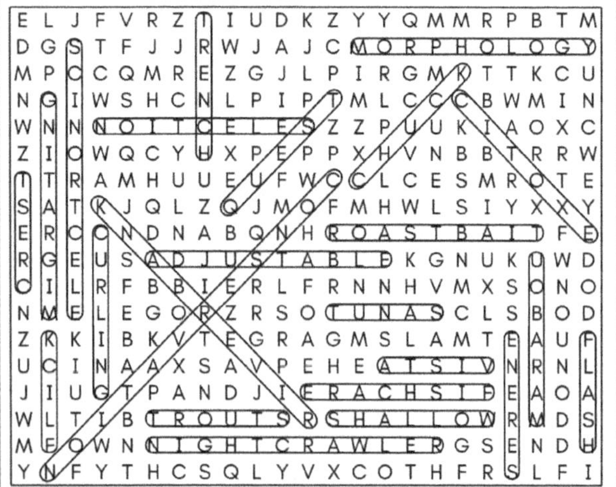

ROASTBAIT	SERENE	TUNAS
QUEST	MARABOU	ELECTRONICS
VISTA	MIGRATING	SELECTION
SHALLOW	ADJUSTABLE	EXOTIC
TROUTS	CONSERVATION	CURLING
NIGHTCRAWLER	FLASH	FISHCARE
RIVERBANK	FLICK	TRENCH
CREST	CHUCK	MORPHOLOGY

SETUP	STREAMERHOOK	HERBIVORE
POLICY	VISIBLE	GUTTER
FLICK	TANTALIZE	NETUSE
MONOFILAMENT	FREQUENCY	OUTLET
KNIVES	WEATHER	LACING
JETSAM	OBSIDIAN	DRIFTERS
SHARE	CHENILLE	BUFFERING
MAKO	SENSITIVITY	HOOP

Puzzle # 17

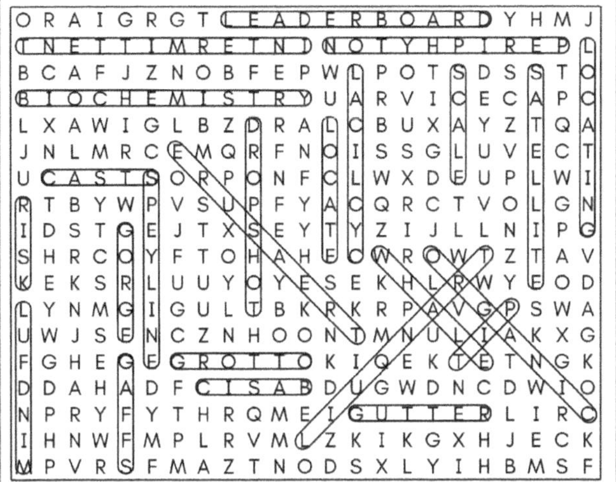

BASIC	CASTS	LOCATING
WHALE	GORGE	ORGANIC
TRANQUIL	DROPSHOT	MINDFUL
SCALE	CYCLICAL	TIP
GUTTER	LEADERBOARD	GAFFS
BIOCHEMISTRY	RISK	PERIPHYTON
TREASURE	SPEYLINE	SATELLITE
LOCATE	INTERMITTENT	GROTTO

Puzzle # 18

HALFHITCH	SAILFISH	KNIVES
SHOREFISHING	EXPANSE	BREEDING
SPAIN	CHUCK	GIANTBASS
HISTORIC	CEPHALOPODS	ITALY
THORAX	MUSKIES	ISLAND
ZONES	EXCURSION	ROOTS
MINNOW	RED	BOGS
BAYS	OUTLET	PHENOTYPIC

Puzzle # 19

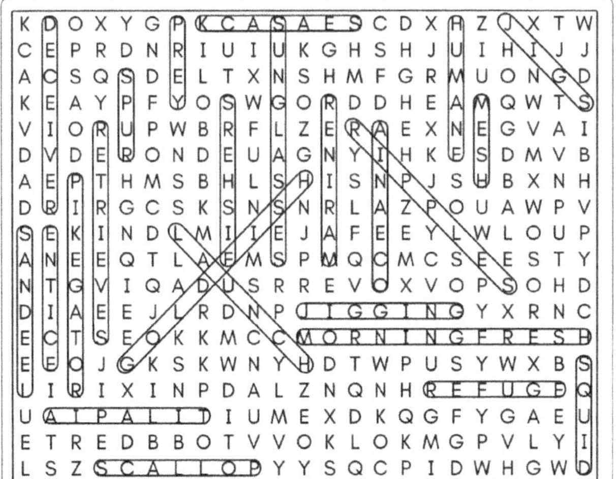

JIGGING	JIGS	RETRIEVES
RIPPLES	DECEIVER	SEASACK
SQUID	HUMANE	MORNINGFRESH
LAUNCH	SAND-EEL	SCALLOP
SUNGLASSES	GOLDFISH	REFUGE
TILAPIA	FISHERS	PREY
PIKEGATOR	MARINER	SPUR
OCEANIA	ENTICE	MESH

Puzzle # 20

DEEPLY	BRIGHT	LIGHTWEIGHT
TURKEY	ELEMENT	TREBLE
BROWN	LINEWEIGHT	SPECIES
LOCATE	FETCH	TERMINAL
ROLL	MANAGEMENT	TOPMOST
JET	APRON	CURLING
TALK	FATTY	CORALBLEACHING
MURRAY	CONTROL	TELESCOPIC

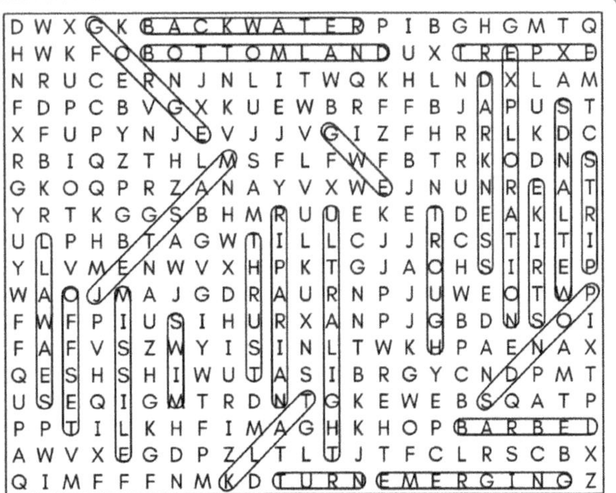

STRIKE	TURN	JETSAM
TALK	RIPARIAN	EWG
STRIP	GORGE	DARKNESS
MISSILE	ULTRALIGHT	OFFSET
BACKWATER	EXPLORATION	EMERGING
WETLANDS	BARBEL	SWIM
PONDS	THRUST	TROUGH
EXPERT	BOTTOMLAND	SEAWALL

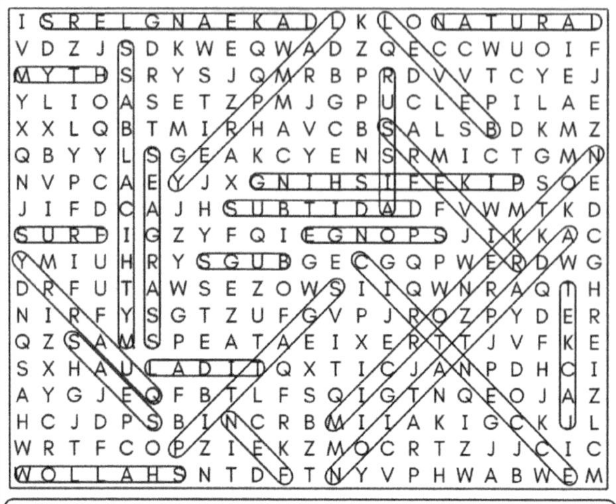

RIVERS	JACKET	LAMPREY
LAKEANGLERS	ECCENTRIC	SUBTIDAL
MYTH	TIDAL	PIKEFISHING
SHALLOW	FEN	RUSSIA
SPONGE	MYTHICALBASS	BUGS
MICRONEKTON	QUARRY	SEAGRASS
SEAS	NATURAL	BEVEL
SURF	ADAPTATION	PITTAGS

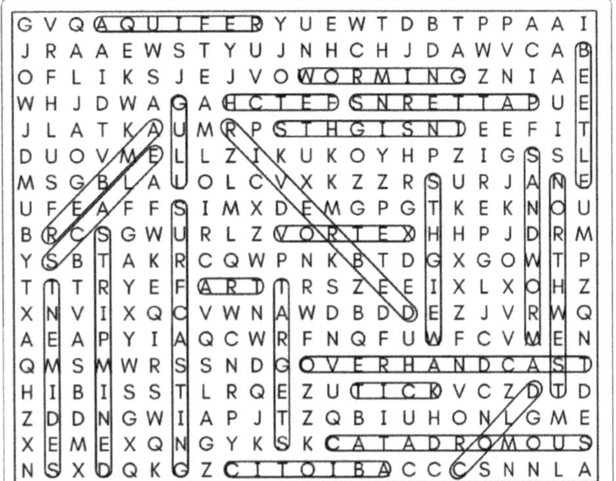

WORMING	ART	AQUIFER
GULL	SURFCASTING	OVERHANDCAST
BEETLE	ABIOTIC	COLD
STRIPMINED	NORTHWEST	TARGETS
SCALE	INSIGHTS	TICK
FETCH	PATTERNS	CATADROMOUS
SANDWORM	WEIGHTS	RIVERBED
AMBER	SEDIMENT	VORTEX

CASTFLOAT	RODGUARD	CYCLING
EQUIPMENT	PRODUCTIVITY	GENOTYPIC
ATTRACTOR	FILTERFEEDER	LEADERBOARD
FLASHLIGHTS	PHENOTYPIC	SEDGE
PARROTFISH	MONSTER	ZYLONFIBERS
PADDLETAIL	FLEET	HEADWATERS
LOOPKNOT	ACTIONPACKED	SEACUCUMBER
NORWAY	SEDIMENT	STORMSURGE

Puzzle # 25

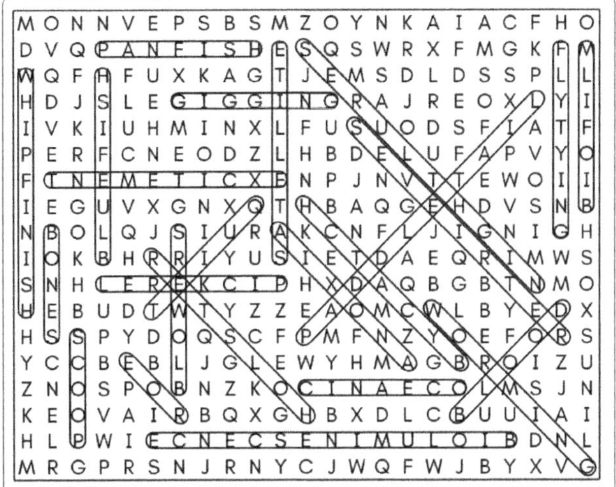

GIGGING	BONES	BIOFILM
WHIPFINISH	BYCATCH	BIOLUMINESCENCE
ROE	PICKEREL	BLOOD
FLYTYING	SCOOP	OCEANIC
EXCITEMENT	WORMING	QUIET
PADDLETAIL	BLUEFISH	RETRIEVES
PANFISH	HOLSTER	ANOXIA
NIGHTLURES	BLOWERS	SATELLITE

Puzzle # 26

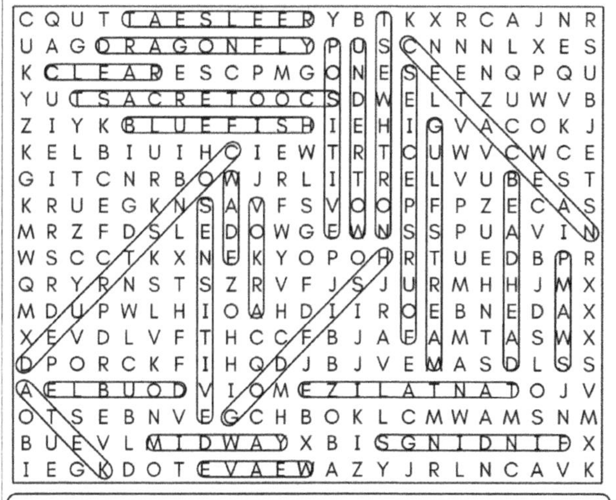

DOUBLE	POSITIVE	NORTHWEST
KETA	TANTALIZE	WEAVE
BEADHEAD	CETACEAN	BLUEFISH
WADE	CONSTRUED	CLEAR
SWAMP	FINDINGS	SENSITIVE
REELSEAT	MIDWAY	GULFSTREAM
GODFISH	SCOOTERCAST	FOURSPECIES
ARKOV	DRAGONFLY	UNDERTOW

Puzzle # 27

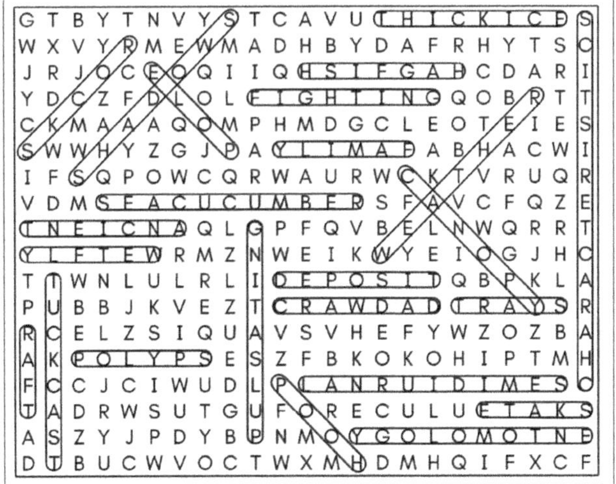

POLE	SKATE	WEATHER
SEACUCUMBER	RAFT	HOOP
WETFLY	FAMILY	SHADOWS
ANCIENT	POLYPS	THICKICE
TUCKCAST	PULSATING	CANOPY
TRAYS	CRAWDAD	SEMIDIURNAL
ROCKS	HAGFISH	FIGHTING
DEPOSIT	ENTOMOLOGY	CHARACTERISTICS

Puzzle # 28

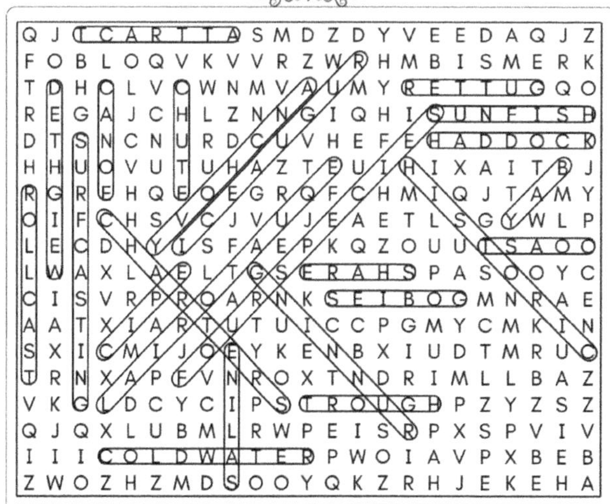

HADDOCK	HISTORIC	TROUGH
ROLLCAST	ICEAUGUR	FOURSPECIES
BAY	SALINE	COLDWATER
RUNNING	CANOE	COAST
CHUTE	SUNFISH	ATTRACT
GOBIES	EPIC	ANCHOVY
SHARE	WEIGHTED	EQUATORIAL
CHARTERS	SURFCASTING	GUTTER

Puzzle # 29

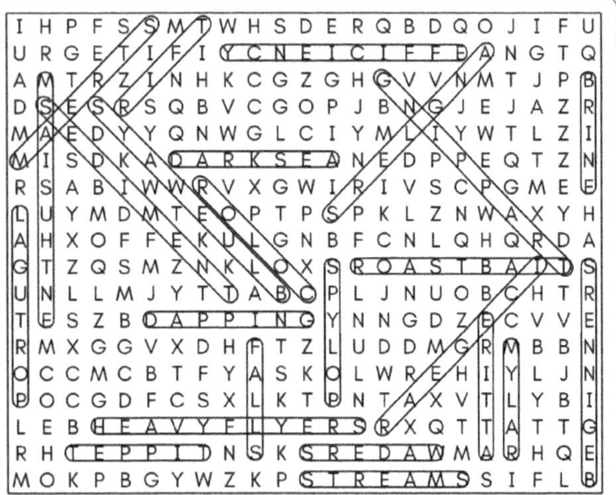

BEGINNERS	ATTIRE	DAPPING
DARKSEA	ANGLERS	POLYPS
BRINE	TIPPET	STREAM
BLUEWAYS	SEDIMENT	RIFT
COLOR	STREAMS	FALLS
ICEGEAR	PORTUGAL	MYLAR
ROASTBAIT	ENTHUSIASM	HEAVYFLYERS
EFFICIENCY	WADERS	TRAPPING

Puzzle # 30

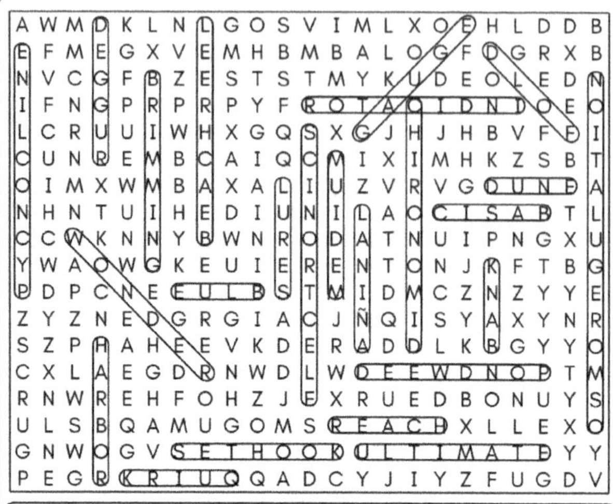

BASIC	WONDER	MEDIUM
ULTIMATE	INDICATOR	PYCNOCLINE
RUGGED	OSMOREGULATION	HARBOR
REACH	DUNE	QUIRK
LANIÑA	LURES	CHIRONOMID
FOLD	BLUE	PONDWEED
SETHOOK	BRIMMING	GAUGE
BANK	BEACHREEL	ELECTRONICS

Puzzle # 31

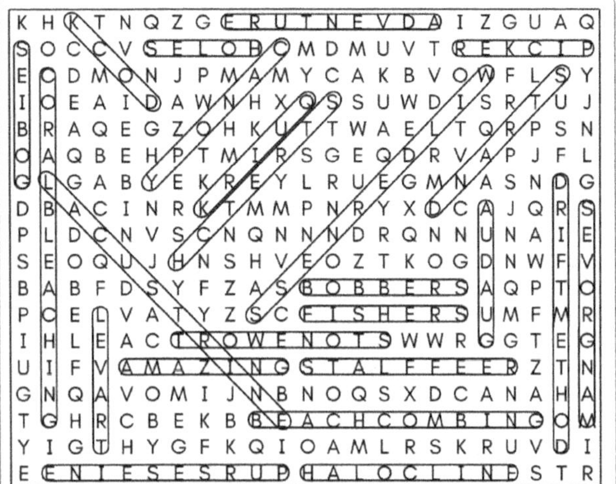

BOBBERS	STRETCH	GOBIES
DOCK	MANGROVES	HALOCLINE
AMAZING	STONEWORT	ADVENTURE
LACUSTRINE	STRAND	TRAVEL
REEFFLATS	WILDERNESS	HOLES
PURSESEINE	QUIRK	BEACHCOMBING
PICKER	DRIFTMETHOD	GUADUA
FISHERS	CORALBLEACHING	CANOPY

Puzzle # 32

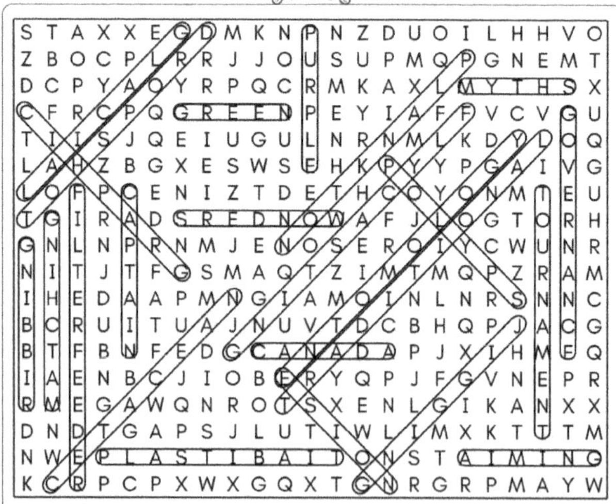

JIGGING	GRAPHIC	TRADITIONAL
TOURNAMENT	PURPLE	CETACEAN
GREEN	ENTOMOLOGY	WONDERS
FLYCASTING	POLYPS	CANADA
MATCHING	CAPTAIN	NOISE
FILTERFEEDER	GOVERNANCE	RIBBING
PLASTIBAIT	GLACIAL	PLANKTON
MYTHS	AIMING	DROPSHOT

Puzzle # 33

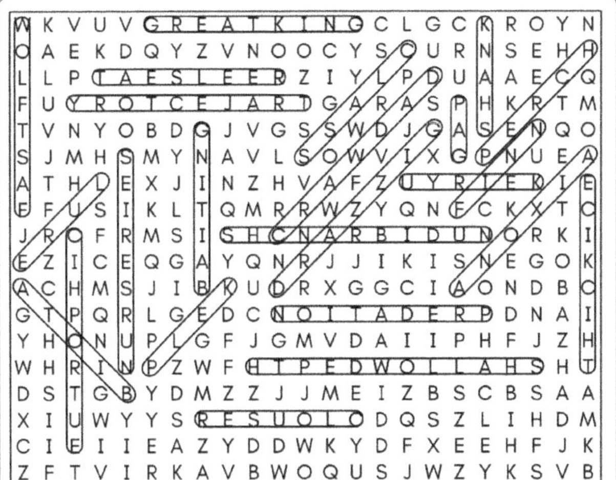

LURE
GIZZARD
TRAJECTORY
CLOUSER
ANOXIA
GAP
PERCH
GREATKING

SHANK
FASTFLOW
BIOTA
KEIRYU
BAITING
THICKICE
PREDATION
SHALLOWDEPTH

NUDIBRANCHS
NURSERIES
CRAWDAD
KELP
FINN
EUTROPHIC
REELSEAT
CLASS

Puzzle # 34

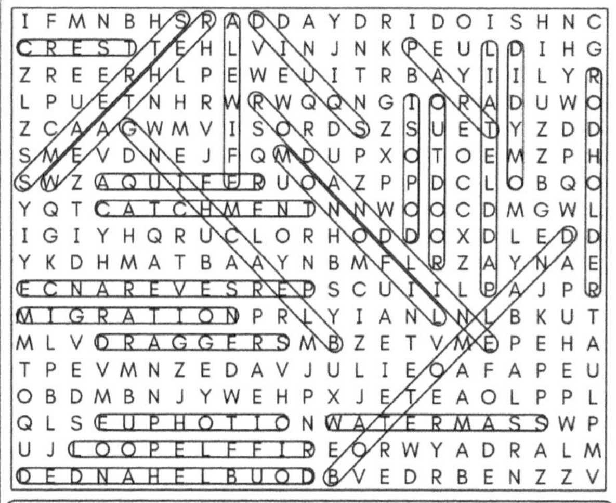

MONOFIL
WEATHER
SQUID
MIGRATION
CATCHMENT
BLEACHING
RODANDLINE
DRAGGERS

DOUBLEHANDED
EUPHOTIC
AQUIFER
TRAP
RODHOLDER
OUTDOOR
PERSEVERANCE
BOTTOMLAND

DIDYMO
PADDLETAIL
STREAMS
CREST
ALEWIFE
RIFFLEPOOL
ISOPOD
WATER-MASS

Puzzle # 35

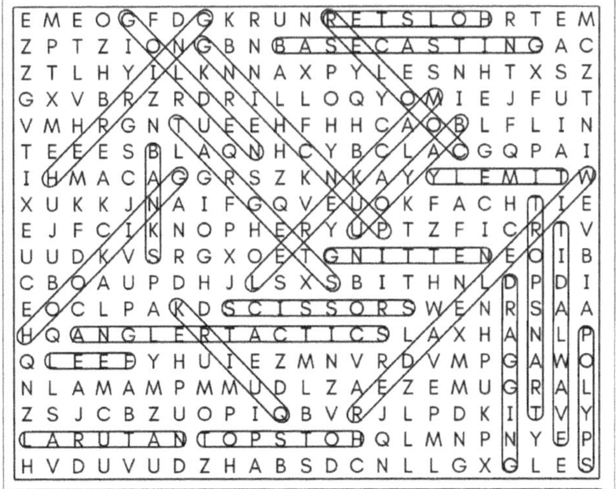

NETTING
HOTSPOT
BAYOU
NATURAL
FEEL
TIDALWAVE
HERRING
BANKS

GOLDEN
TARGETS
DRAGGING
POLYPS
WIRELEADER
COOLER
QUIRK
TIMELY

BASECASTING
TRANSPORT
MACKEREL
SCISSORS
HOLSTER
PUNCHING
ANGLERTACTICS
HOOKING

Puzzle # 36

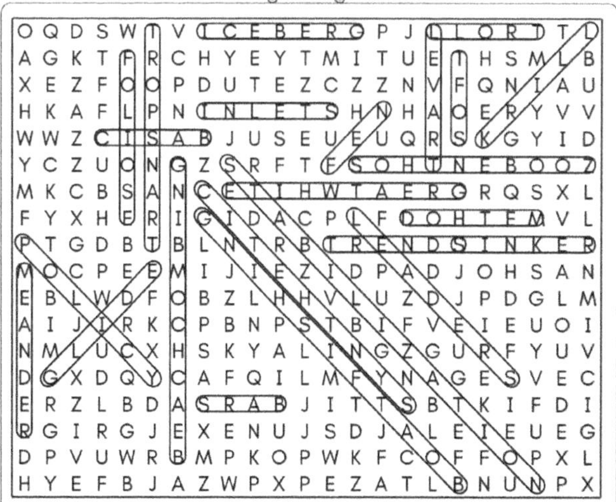

SINKER
BOATFISHING
GREATWHITE
GLIDE
MEANDER
FOLIOSE
BASIC
POLICY

ICEBERG
SYNTHETIC
STABILIZATION
ZOOBENTHOS
METHOD
TRENDS
SOFT
LEADERS

KRILL
TRANSPORT
INLETS
TROLL
TRAVEL
BARS
BEACHCOMBING
FEN

Puzzle # 37

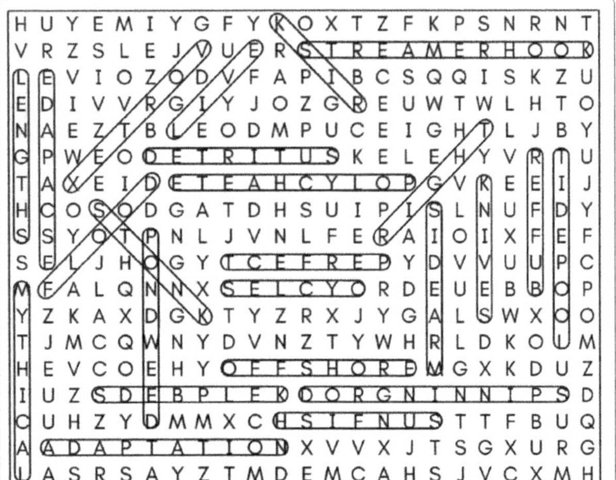

KNOTS	PERFECT	KELPBEDS
OFFSHORE	DETRITUS	FLOOD
RIGHT	BUFFER	SIDEARM
ADAPTATION	VORTEX	RISK
POLYCHAETE	MYTHICAL	KNIVES
LENGTHS	LIVE	TIDEPOOL
SUNFISH	STREAMERHOOK	SPINNINGROD
ESCAPADE	PONDWEED	CYCLES

Puzzle # 38

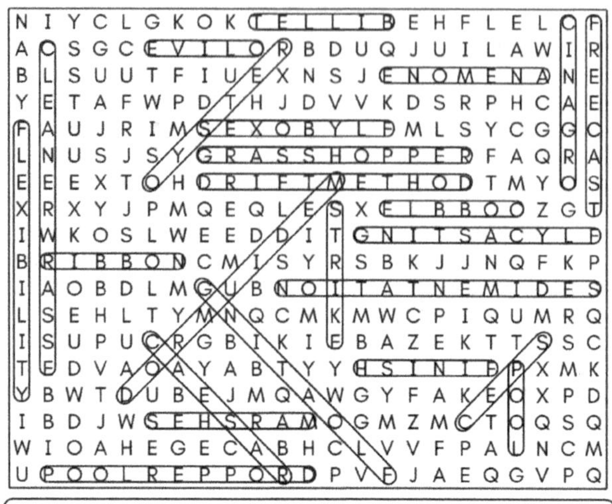

STRIKE	POOL	GRASSHOPPER
FINISH	MARSHES	RIBBON
OLIVE	DROPPERLOOP	OYSTER
FLYBOXES	COBBLE	FLYCASTING
CLEANERWRASSE	CAESAR	FLEXIBILITY
BILLET	FLOATING	SEDIMENTATION
FREECAST	DRIFTMETHOD	MEDIUMROD
SPEC	ANEMONE	ORGANIC

Puzzle # 39

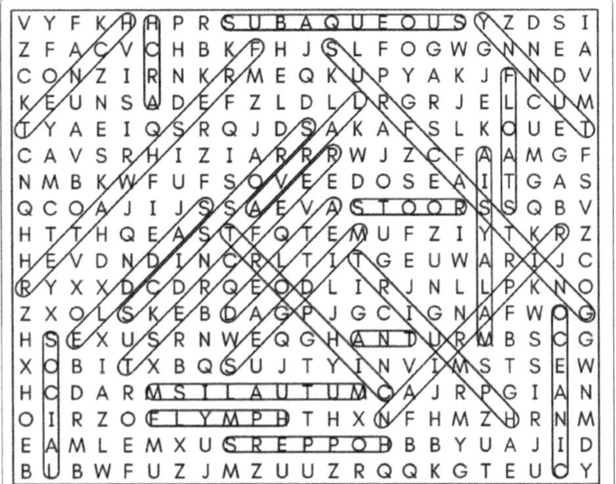

FLOATS	ROOTS	TROPHIC
SCISSORS	ANT	SOCIAL
ARCH	SURFCASTING	TRIUMPH
LARVA	REEFCREST	TUNNY
TENCH	MALAYSIA	MIDGES
MUTUALISM	OCEANIC	SADDLE
FRESHWATER	HOPPERS	RIPARIAN
DELTA	FLYMPH	SUBAQUEOUS

Puzzle # 40

BASIC	SCULPIN	MARSHES
VENT	TYPES	INERTIA
TAIL	LATERAL	YANK
YARNING	SAND-EEL	CHAR
HERBIVORE	OCEAN	RIBBING
SWELLS	LEVELWIND	RELEASING
ELEGANCE	STEALTH	RIVERBED
SALOON	BAROMETERS	HADAL

Puzzle # 41

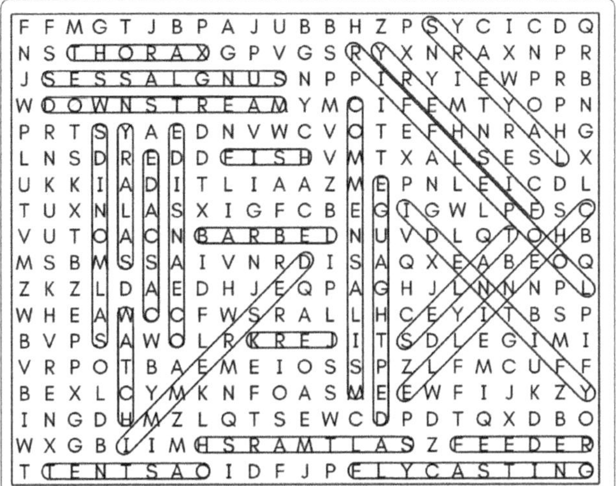

FISH	FEEDER	RIFFLEPOOL
FISHERY	IMMERSED	JERK
BARBEL	CASCADE	TALES
CHENILLE	SALARY	LAYERS
COMMENSALISM	OCEANSIDE	THORAX
SALTMARSH	WATCH	IDENTIFY
CASTNET	FLYCASTING	SALMONIDS
DOWNSTREAM	SUNGLASSES	DEPTHGAUGE

Puzzle # 42

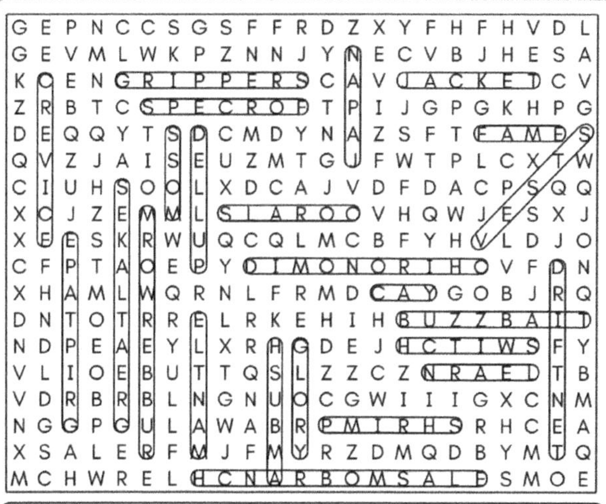

LEARN	JACKET	ELASMOBRANCH
PULLED	SWITCH	DRIFTNET
GRIPPERS	CAY	GREATLAKES
AMBUSH	GRIPTAPE	GLORY
MANTLE	SHRIMP	CHIRONOMID
RUBBERWORM	FAME	FORCEPS
BUZZBAIT	MOSS	CORALS
JAPAN	VESTS	CREVICE

Puzzle # 43

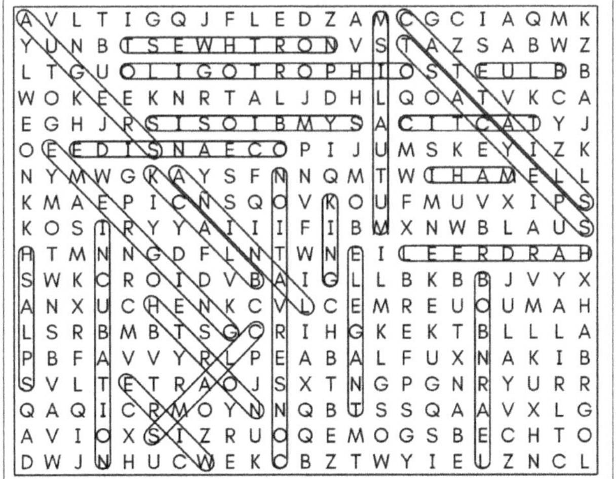

LEARNBOB	BLACK	SYMBIOSIS
CONSERVATION	EMERGING	SPEYCAST
KING	OLIGOTROPHIC	OCEANSIDE
WIRE	NORTHWEST	SPLASH
CATTAILS	MAHI	NORTH
MUTUALISM	BLUE	HARDREEL
CLAMS	ELEGANT	LANIÑA
TACTIC	AUGERS	INCUBATION

Puzzle # 44

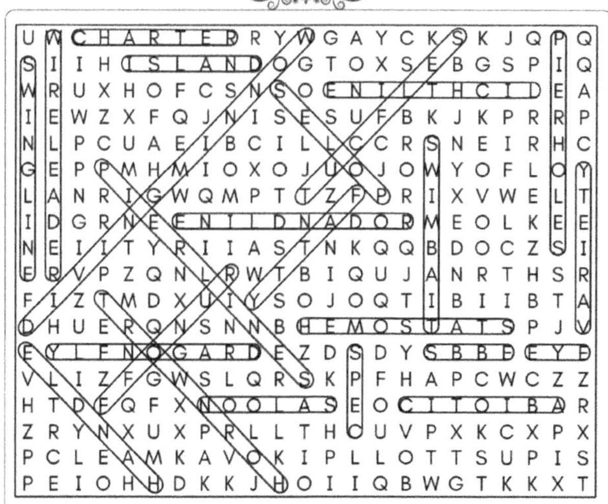

RODANDLINE	SALOON	HORNWORT
LICHTLINE	SELFCUT	EYE
POLES	EBBS	CHARTER
HEMOSTATS	DIVINGMINNOW	ISLAND
ABIOTIC	WIRELEADER	SWINGLINE
DRAGONFLY	FATTY	PIERHOLES
SWIMBAIT	SPEC	RUNOFF
HANDLE	PIERLINES	VARIETY

Puzzle # 45

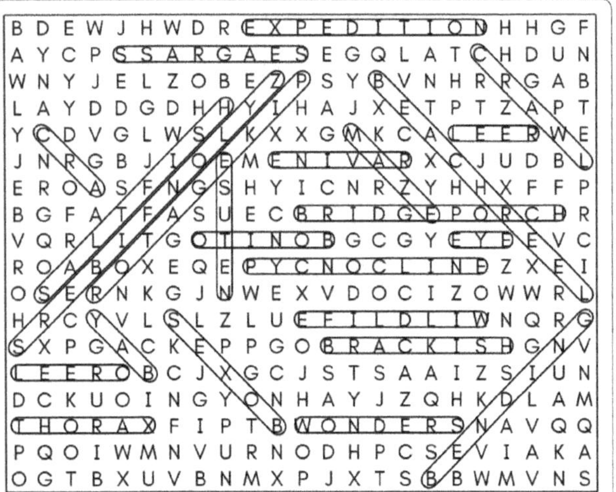

REEL	MAZE	BRACKISH
WILDLIFE	BENDING	EYE
CRAWL	BEACHREEL	BONITO
THORAX	RAVINE	EXPEDITION
BRIDGEPORCH	SALTFISH	ARC
SEAGRASS	NETUSE	BOXES
PIKEGATOR	BAY	CREEL
WONDERS	ZYLONFIBERS	PYCNOCLINE

Puzzle # 46

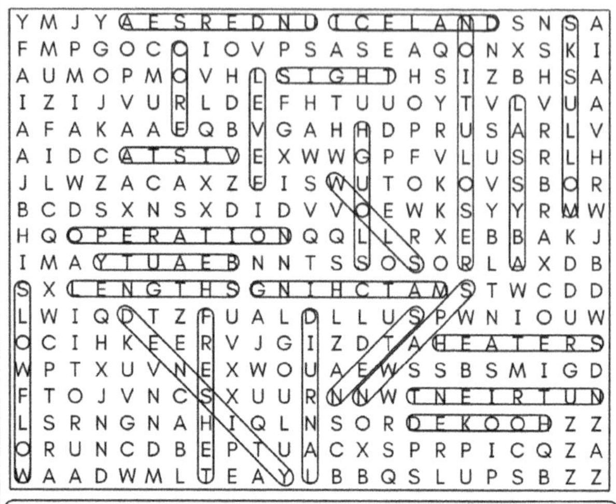

UNDERSEA	CORE	LEVEE
SLOW	SLOWFLOW	LENGTHS
VISTA	MOLLUSKS	SPAWN
NETS	NUTRIENT	BEAUTY
HOOKED	SLOUGH	MATCHING
DIURNAL	SIGHT	OPERATION
ICELAND	DENSITY	FRESHET
ABYSSAL	HEATERS	RESOLUTION

Puzzle # 47

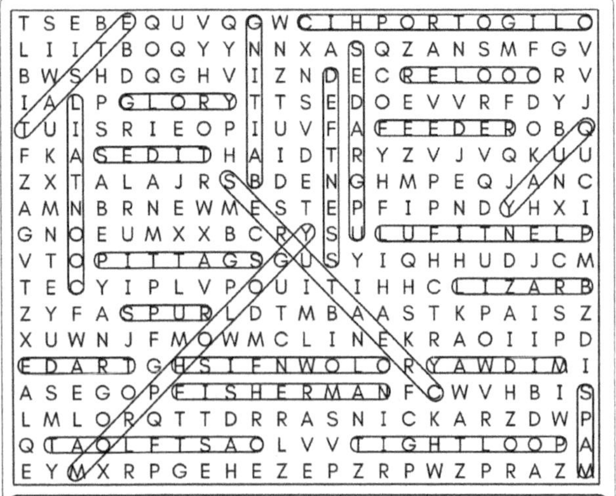

BAITING	COOLER	CLOWNFISH
CREATURES	MIDWAY	PITTAGS
GLORY	OLIGOTROPHIC	MAPS
TRADE	FISHERMAN	BRAZIL
TIGHTLOOP	TIDES	TASTE
COONTAIL	UPGRADES	FEEDER
CASTFLOAT	QUAY	SPUR
DEFTNESS	PLENTIFUL	MORPHOLOGY

Puzzle # 48

POLE	SINK	BARNACLES
EXPLORATION	LENTIC	PYCNOCLINE
WONDER	SURGEONFISH	DEEPSEA
WAVES	SEAWALL	BOIL
PHYTOPLANKTON	TUNA	RIFFLE
ADAPTION	PIER	SCAVENGER
CHUMLINE	FEEL	CANOE
GLOWJIGS	INSECTS	MOVEMENT

Puzzle # 49

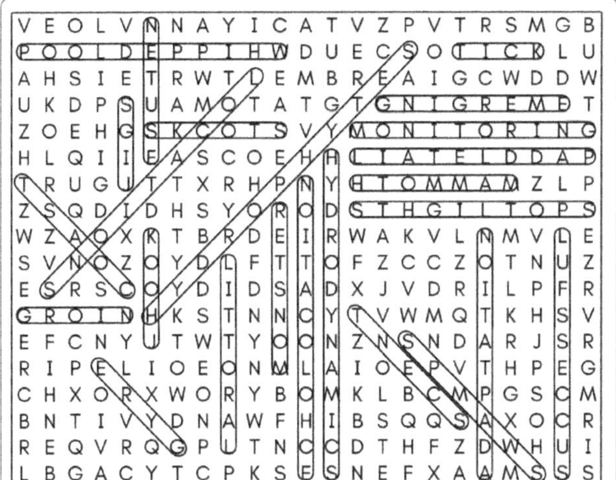

MONSTER	EMERGING	SCENT
MONITORING	HYDRODYNAMICS	GROIN
WHIPPEDLOOP	HYDROPHYTES	STOCKS
ADAPTATION	ECHOLOCATION	JIGS
LITTORAL	NETUSE	TICK
J-HOOK	COAST	GYRE
SPOTLIGHTS	SUCCESSFUL	PADDLETAIL
MAMMOTH	SWAMPS	LOCATIONS

Puzzle # 50

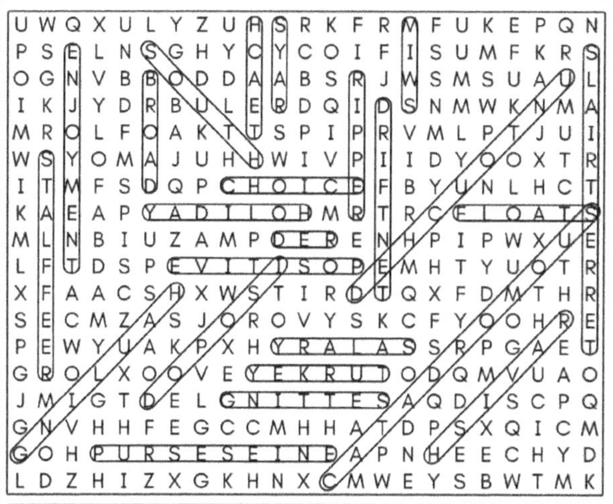

TEACH	SETTING	REEFFLATS
UNTOUCHED	CATADROMOUS	DRIFTNET
BROAD	ISOPOD	TURKEY
CHOICE	PURSESEINE	ENJOYMENT
SALARY	HOLIDAY	POSITIVE
RIPPER	RAVISH	RAYS
FLOATS	TERRESTRIALS	SOUTH
RED	SWIM	HAULING

Puzzle # 51

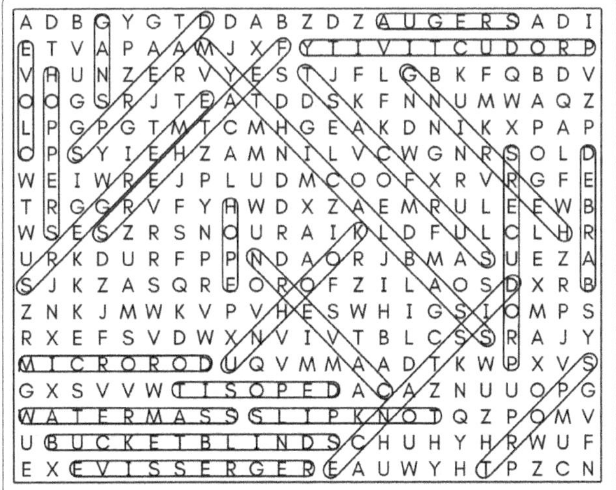

HERRING	EMERGERS	SURFCAST
SPORT	AUGERS	PRODUCERS
HOPPERS	BARBED	MYTHICALBASS
UNHOOK	DEPOSIT	DISTANCE
MICROROD	SLIPKNOT	REGRESSIVE
WATER-MASS	HOPE	PRODUCTIVITY
CLOVE	FEATHERS	SPREAD
SNAG	BUCKETBLINDS	CAVERN

Puzzle # 52

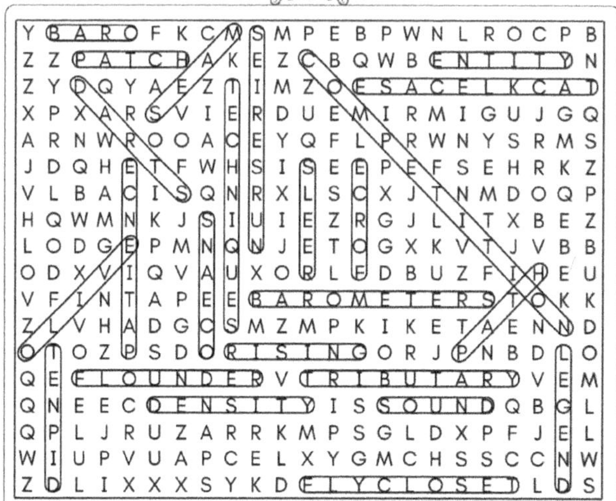

DIPNET	TRIBUTARY	FLYCLOSET
LEGEND	FORCE	PATCH
PATH	SEAM	OCEANS
PATIENCE	SOUND	REELS
DENSITY	TACKLECASE	ENTITY
RISING	COMPETITION	OLIVE
FLOUNDER	CRAB	BAROMETERS
TECHNIQUES	DARTS	NURSERIES

Puzzle # 53

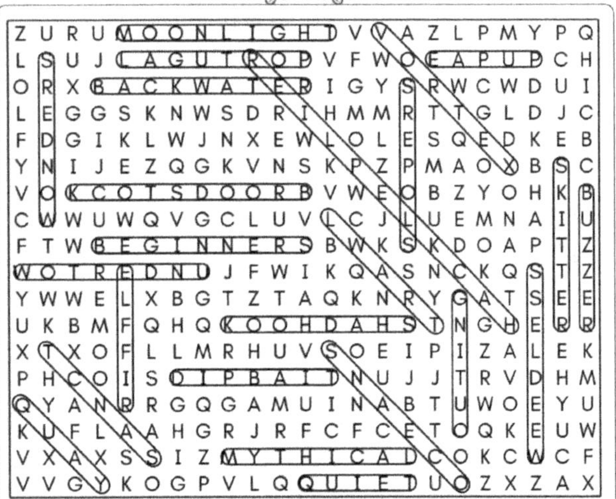

BEGINNERS	SKITTER	BACKWATER
WONDERS	BUZZER	UNDERTOW
QUAY	SLOPERS	MYTHICAL
PUPAE	VORTEX	PORTUGAL
WEEDLESS	OCEANS	QUIET
TRAWL	OUTING	RIFFLE
SHADHOOK	SANCT	DIPBAIT
MOONLIGHT	HACKLEPLIER	BROODSTOCK

Puzzle # 54

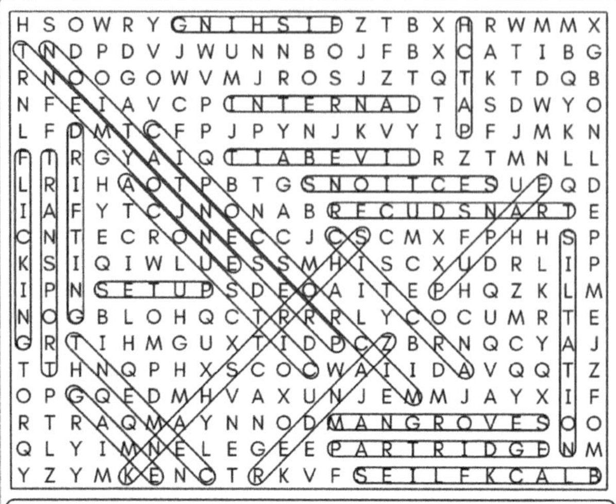

SETUP	PARTRIDGE	SILTATION
ENJOYMENT	BLACKFLIES	ACOUSTIC
PUPAE	PATCH	GAME
SECTIONS	TRANSPORT	DRIFTING
MANGROVES	FISHING	CEMENT
TRANSDUCER	FLICKING	MICROSCOPIC
LIVEBAIT	PRESENTATION	SHORTSHANK
ARCTIC	ZANDER	INTERNAL

Puzzle # 55

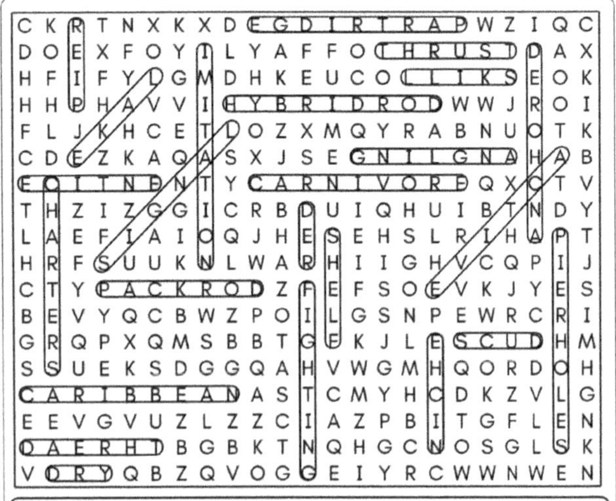

ANGLING	THRUST	CARNIVORE
LAKE	PARTRIDGE	HYBRIDROD
ACTIVE	PIERHOLES	PIER
SCUD	PACKROD	FIGHTING
ANCHORED	CHARTERS	IMITATION
SHELF	RED	THREAD
SKILL	DRY	NICHE
CARIBBEAN	ENTICE	SIGNAL

Puzzle # 56

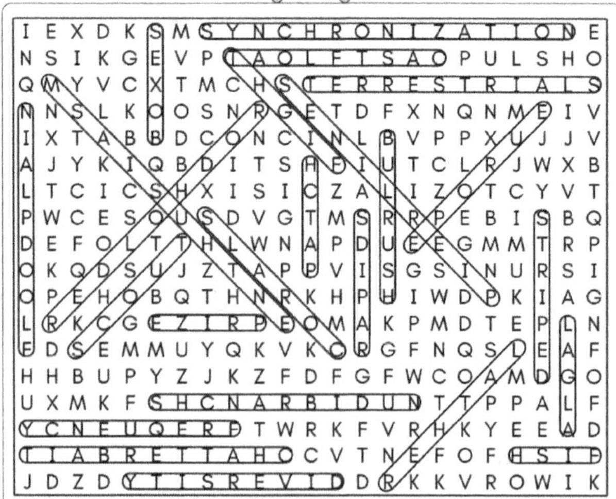

FISH	TERRESTRIALS	FREQUENCY
SCOUT	STRIPED	SYNCHRONIZATION
ENTHUSIASM	NUDIBRANCHS	PRIZE
PIERLINES	CHATTERBAIT	LATHER
RAPIDS	RODHOLDER	FIGHT
CORALS	BULRUSH	ALGAL
CASTFLOAT	BOXES	PATCH
EUROPE	FLOODPLAIN	DIVERSITY

Puzzle # 57

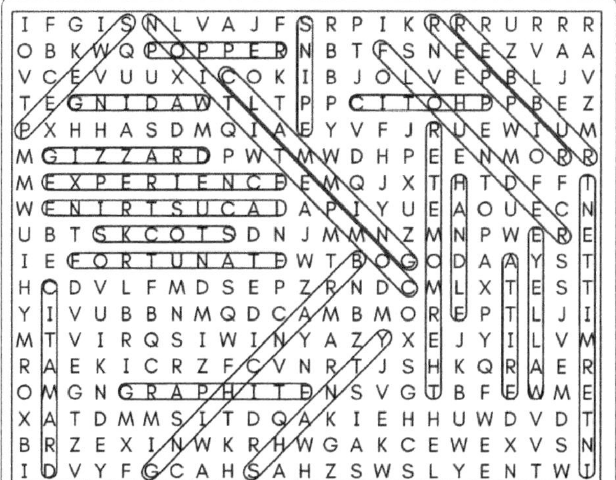

FLOUNDER	RUBBER	INTERMITTENT
HANDLE	SWEEP	POPPER
EXPERIENCE	LACUSTRINE	SHANTY
DRAMATIC	BRANCHING	STOCKS
THERMOMETER	WALLEYE	ATTIRE
PHOTIC	COMPETITION	SNIPE
GIZZARD	GRAPHITE	CLAMMING
WADING	FORTUNATE	RIPPER

Puzzle # 58

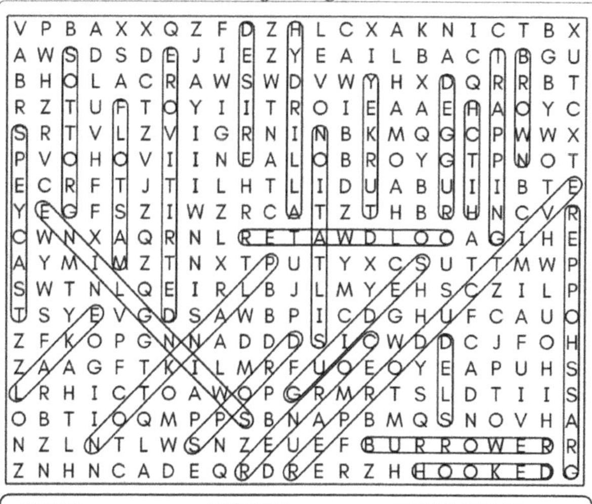

HITCH	RUGGED	DETRITIVORE
SLED	HOOKED	REPRODUCTIVE
CORNER	BURROWER	GROTTOS
SWINGLINE	SPEYCAST	BROWN
HYDRILLA	COLDWATER	DROPS
GRASSHOPPER	LAKE	FLOTSAM
GUIDES	DESIRE	SILTATION
TURKEY	PLANKTON	TRAPPING

Puzzle # 59

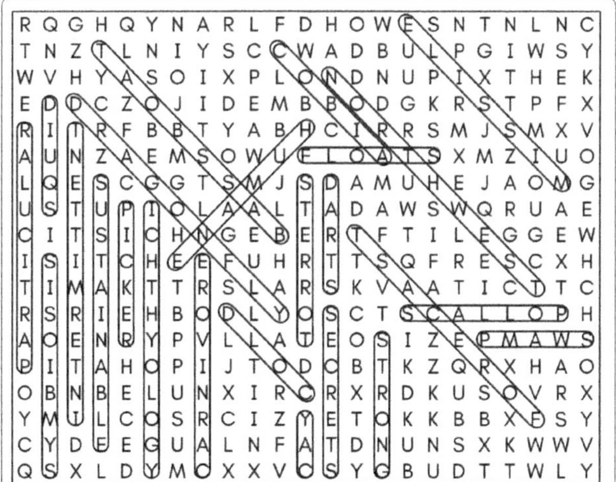

PICKER	PARTICULAR	SYMBIOSIS
COLD	SECRETS	CAY
SQUID	DRAGONFLY	SUSTAINABLE
MISSILE	SWAMP	SCALLOP
ICHTHYOLOGY	FORECAST	DARTS
TORRETS	COBIA	CARNIVORE
FLOATS	STRONG	INTERMITTENT
BASSBOAT	HUMANE	NORTHWEST

Puzzle # 60

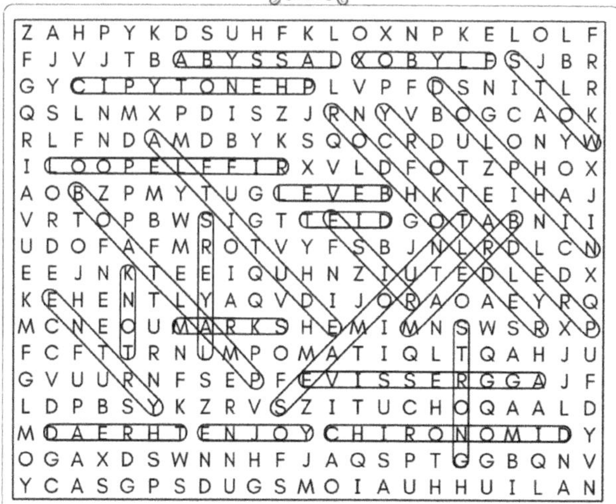

RODHOLDER	STRONG	RIFFLEPOOL
DOLPHIN	CHIRONOMID	ALTITUDE
LAYERS	DIET	KNOT
FLYBOX	BEVEL	MARKS
THREAD	ENTRY	RISE
SEAMOUNT	STOW	ENJOY
BOATLAMP	ABYSSAL	PREDATORY
BREAM	AGGRESSIVE	PHENOTYPIC

Puzzle # 61

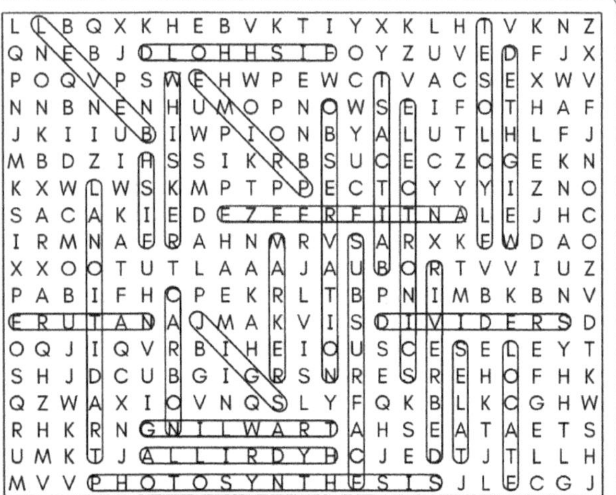

BAITCAST	PRIME	RIVERBED
NATURE	FLYCLOSET	ELECTRONICS
LOCATE	FISHHOLD	DIVIDERS
ANTIFREEZE	BEVEL	WHISKER
MARKER	TRAWLING	WEIGHTED
CARBON	JIGS	TRADITIONAL
FISH	SUBSURFACE	HYDRILLA
TALES	OBSERVATION	PHOTOSYNTHESIS

Puzzle # 62

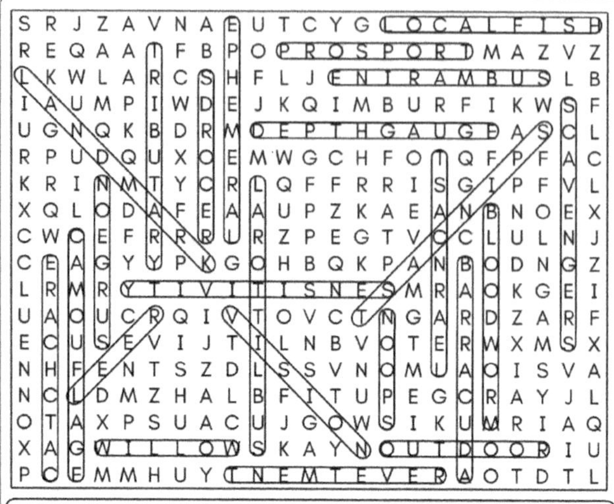

REEL	PROSPORT	CAMOUFLAGE
BARRACUDA	VISION	SUBLITTORAL
CATCHCARE	EPHEMERAL	SURGEON
SPOON	REVETMENT	SUBMARINE
SENSITIVITY	LEARNCAST	TRIBUTARY
DEPTHGAUGE	LOCALFISH	LANDMARK
SPINCAST	OUTDOOR	BLOODWORM
RECORDS	WILLOW	SCAVENGERS

Puzzle # 63

SAFETY	ENJOYMENT	MANGROVES
ACTION	SUBSURFACE	GAP
PREDICT	BIOFILM	LARGEMOUTH
VELOCITY	ANTARCTIC	CURIOUS
MACROPHYTES	VOYAGE	SPIN
LIMPET	BIG	FINN
FORECAST	ARCH	FLUCTUATION
COASTAL	PREDATION	TURBULENCE

Puzzle # 64

SPINCAST	BASSBOAT	FRESHET
BUZZBAIT	SWING	FERTILIZING
CHALLENGE	SHELF	BAITING
GLIDE	LEADERSHIP	COLDWEATHER
ICHTHYOLOGY	RETRIEVE	ANCHORAGE
RUNOFF	ANCIENT	HEATERS
NETTING	CROATIA	SEAMOUNT
SNARE	FASTFLOW	CAVE

Puzzle # 65

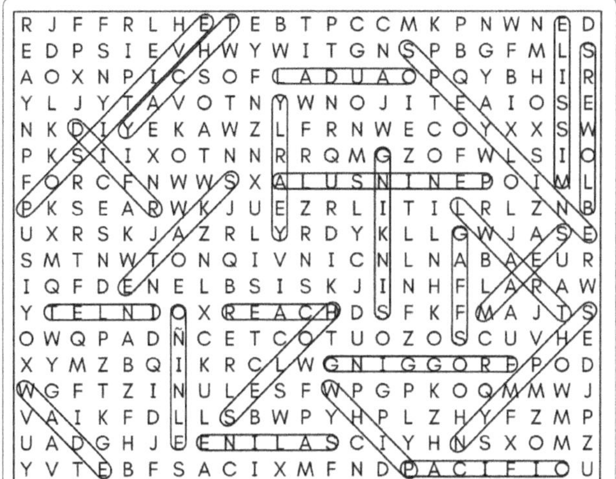

FROGGING	SEAM	ELNIÑO
SINKING	WADE	TRAWL
WHIP	SKATE	INLET
GAFFS	PACIFIC	POSITIVE
CAUDAL	YACHT	SPEYLINE
PENINSULA	REACH	BLOWERS
YEARLY	MISSILE	SALINE
NYMPHS	HOLES	RFID

Puzzle # 66

SLIPBOBBER	RIP	PROFUNDAL
BRINE	FUR	FAMILY
LANDMARK	GILLS	OUTDOORS
BUGGER	VARIETY	DESIRE
ANGLERTACTICS	EFFICIENCY	HACKLE
GILLNETS	HARDY	DIET
STREAM	SHANK	SIWASH
STINGRAY	TAPER	CAVE

Puzzle # 67

CLOVE	DROPS	FLOTSAM
BOAT	CUSTOMIZATION	STORAGE
KEELS	TORRETS	MANAGEMENT
STRIPE	WIDEGAP	SAND
APHOTIC	TECHNIQUES	PUNCHING
HALTLINE	TIDE	MECHANISM
MARINE	TYING	RIPCURRENT
OUTDOOR	WEIGHTS	FAMILY

Puzzle # 68

GIGGING	LEEWARD	MARSHES
SURGEON	SCOOTERCAST	SPEYCAST
BOBBING	FRINGING	SNARE
MAYFLY	DIVINGMINNOW	BREAM
ALEWIFE	SLIPBOBBER	EFFORT
EMBAYMENT	CAN	CRANKS
LEARNCAST	SNOW	RIPCURRENT
BASICS	FASTFLOW	MAP

Puzzle # 69

GIZZARD	ANGLE	PARROTFISH
BAYOU	POLEAROSNAP	SAND-EEL
TIED	ESTUARIES	GLORY
RELEASING	TILAPIA	FLYCASTING
RIPRAP	TRAIL	EMERGING
AMPHIPOD	EFFORT	ALEWIFE
SIDEARM	PRESENTATION	PEBBLES
MUSKIE	MUSKELLUNGE	TAGGING

Puzzle # 70

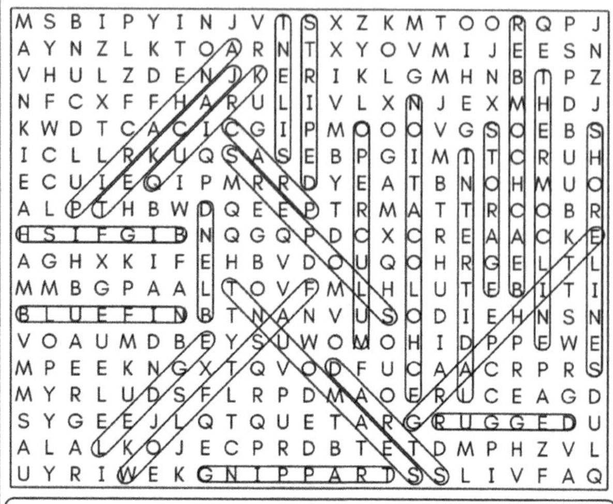

CARP	DARTS	INTERTIDAL
GRAPHITE	SHORELINES	ECHOLOCATION
SILENT	OPERCULUM	BEACHCOMBER
FASTFLOW	STORAGE	JACKET
THERMOCLINE	BLUEFIN	LEDGE
PIRAHNA	RUGGED	STRIPED
BIGFISH	BLEND	SEAMOUNT
QUIRK	SLOPERS	TRAPPING

Puzzle # 71

PIKE	VELOCITY	FLOTSAM
CHANNEL	DENSITY	J-HOOK
MARKS	OXBOW	PRECISION
CRAWLERS	POPPER	TRIP
RIFFLES	ICEHOLE	LARVA
STONEWORT	MURRAY	LIMNOLOGY
FISHING101	MEND	SNAIL
PULLED	SHADOWS	DRIFTNET

Puzzle # 72

BROOKS	SONAR	PARRS
DRIFT	NYMPHS	SINGLE
BREAM	KNIVES	TRAIL
AIM	ECHINODERMS	ATOLL
LIGHTWEIGHT	PITCHING	EXOTIC
PENINSULA	MERMAID	SEAM
NOCTURNAL	DESIRE	FOODWEB
EPIC	LACING	MOVEMENT

Puzzle # 73

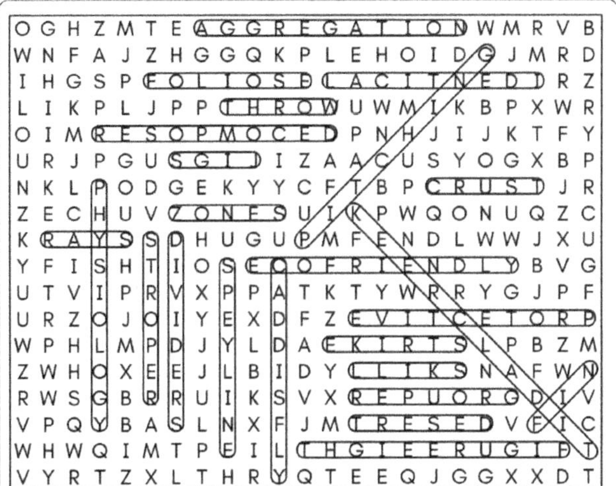

STRIKE	DESERT	ZONES
GROUPER	SPEYLINE	AGGREGATION
FIN	RAYS	FIGUREEIGHT
IDENTICAL	FOLIOSE	ECOFRIENDLY
DECOMPOSER	DIVIDERS	THROW
TIDALCREEK	PITCHING	CADDISFLY
SKILL	JIGS	CRUST
REPORTS	PROTECTIVE	PHYSIOLOGY

Puzzle # 74

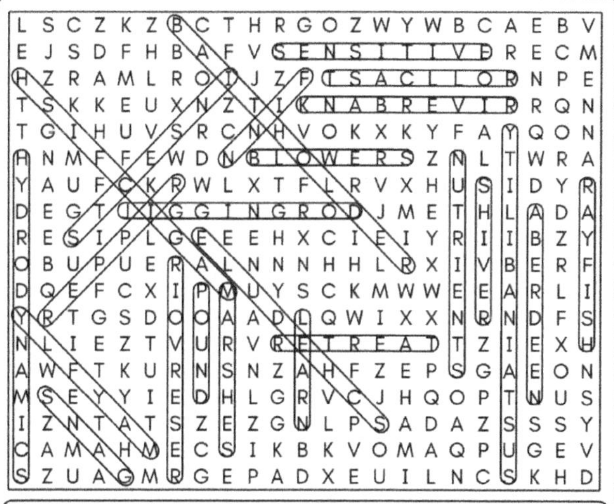

RAYFISH	SHIVER	RIPPER
ROLLCAST	BLOWERS	POUND
SNAG	MAGICFISH	SCHEDULE
SENSITIVE	ABERDEEN	RETREAT
MARSHES	RIVERBANK	FINN
BAITHOLDER	RESERVOIR	HYDRODYNAMICS
LEARN	MAYFLY	JIGGINGROD
SUSTAINABILITY	INSECTS	NUTRIENTS

Puzzle # 75

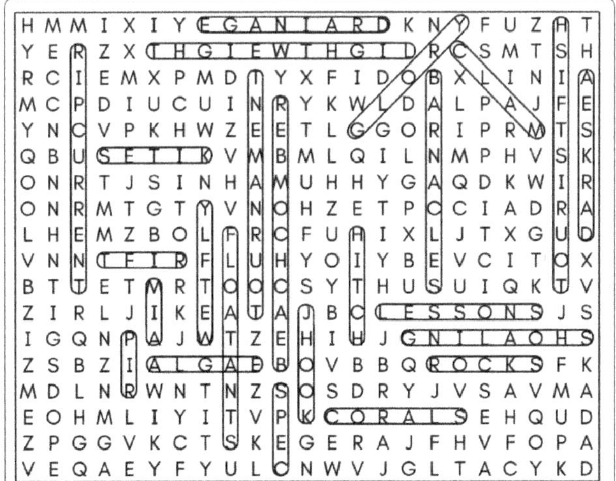

LESSONS	BEACHCOMBER	RIPCURRENT
ROCKS	WETFLY	J-HOOK
RIFT	DRAINAGE	TOURISTFISH
AIM	BARNACLES	GLORY
ALGAE	HITCH	SPEC
CORALS	TOURNAMENT	FLOATANTS
KITES	RIP	CLAM
DARKSEA	LIGHTWEIGHT	SHOALING

Puzzle # 76

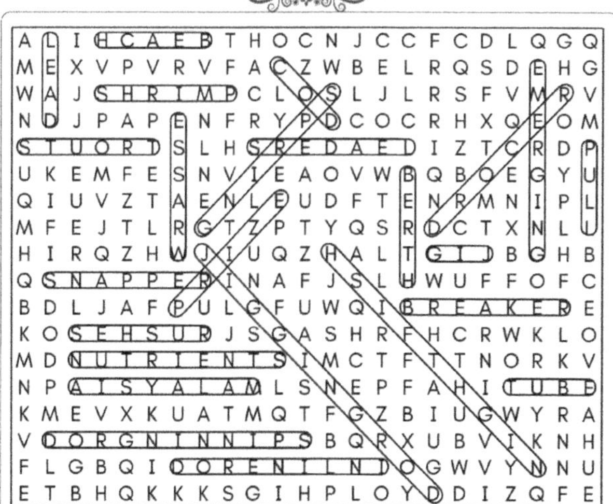

JIG	BEACH	BREAKER
RECORD	LEAD	INLINEROD
COD	TROUTS	SHRIMP
PULL	JIGGINGROD	MALAYSIA
RUSHES	SNAPPER	SPRING
SPINNINGROD	NIGHTFISH	LEADERS
TUBE	BERTH	WRASSE
PRIZE	EMERGING	NUTRIENTS

Puzzle # 77

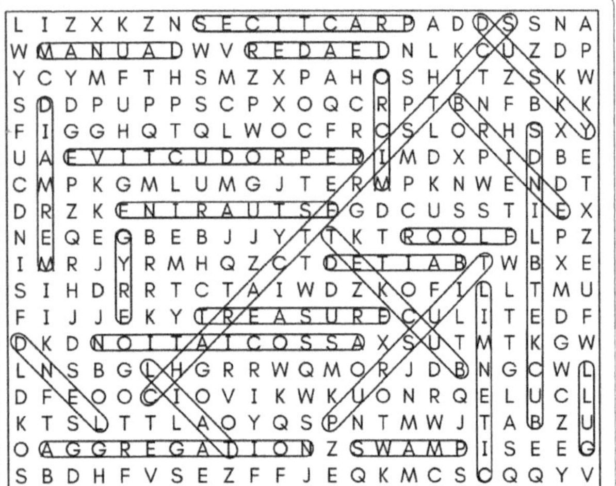

LEADER	BUCKET	SWAMP
MERMAID	BUCKETBLINDS	REPRODUCTIVE
LEND	ESTUARINE	GULL
PRACTICES	AGGREGATION	BRINE
GYRE	MANUAL	MICRO
BAITED	DUSKY	FLOOR
TREASURE	TAIL	LIMNETIC
PURSUIT	ASSOCIATION	CHARACTERISTICS

Puzzle # 78

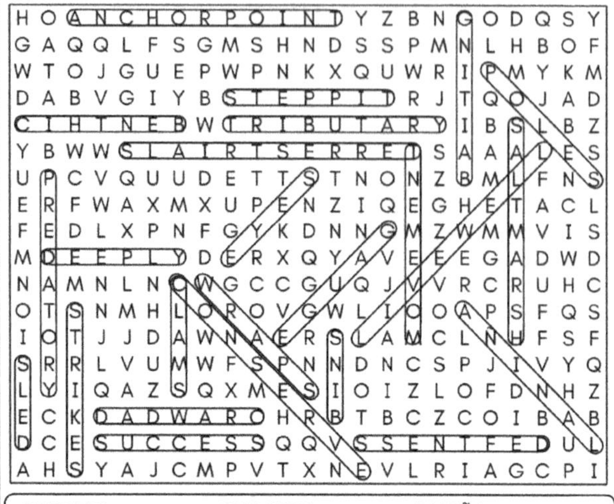

BAITING	SUCCESS	LANIÑA
SLED	EYES	MOVEMENT
POLES	BENTHIC	DEEPLY
WRAPS	GAUGE	TRIBUTARY
BINS	CLAMS	STRIKES
PREDATORY	CONSERVE	TIPPETS
CRAWDAD	TERRESTRIALS	SALTMARSH
DEFTNESS	ANCHORPOINT	LIVEWELL

Puzzle # 79

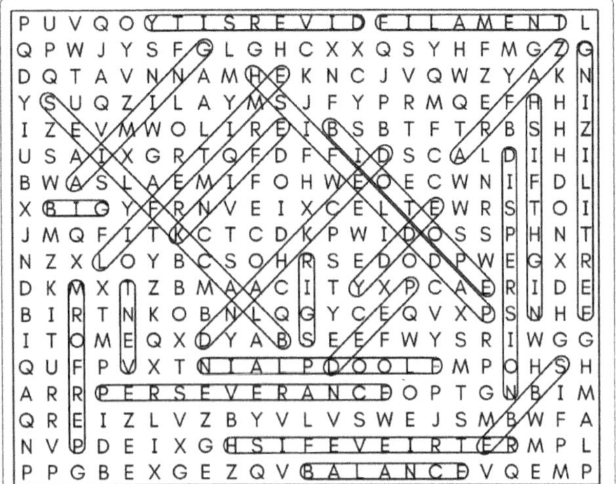

RETRIEVEFISH	AIMING	EBBS
LIFETIME	DECKHAND	FERTILIZING
BALANCE	FLOODPLAIN	KNIFE
PERSEVERANCE	DISPERSION	VENT
BIOTOPE	DEEP	BLACKFLIES
FILAMENT	BIG	PERFORM
NIGHTFISH	EDDY	PADDLEFISH
ZAFRA	RIGS	DIVERSITY

Puzzle # 80

TREASURE	SHOP	RIG
KNIFE	WATCH	EXPANSE
SUBSURFACE	METRONOMES	EXCITEMENT
SCALE	RUNOFF	ENVIRONMENT
BLOOD	EQUIPMENT	MYTH
OBSIDIAN	ENTHUSIASM	BAITCASTING
FLEXIBILITY	TANTALIZE	BIOFILM
RIPRAP	MIMCBAIT	INCUBATION